パーフェクトレッスンブック

テニスの教え方、教えます!

PERFECT LESSON BOOK

監修 綿貫弘次(グローバルプロテニスアカデミー校長)

実業之日本社

はじめに
誰にだって可能性がある！

グローバルプロテニスアカデミーの校長を務めるのが綿貫弘次さん。「綿貫……」と聞いてピンと来た方も多いと思いますが、そう、ここここそが綿貫3兄弟が育ったテニススクールです。

長男の裕介選手、次男の敬介選手、そして三男の陽介選手。綿貫家の3兄弟は揃ってプロで活躍するテニス一家です。そこには何か特別な指導法があるはず……そう思うのが普通です。しかし、弘次さんは、「うちは何も特別なことはしていません。ただ、テニスが好きでたまらない気持ちにさせるレッスンだけはつねに心がけています」と言います。

そうは言っても、普通のレッスンでは、3兄弟揃ってプロになれるわけではありま

せん。とくに三男の陽介選手は、２０１６年の全日本テニス選手権を18歳（高校３年生）で優勝。錦織圭選手に続く大器として期待されている存在です。何かがあるはず。それを紹介しようと思ったのが本書のスタートです。

実際に取材を始めて見えてきたのは、とてもシンプルな理念。弘次さんが口を酸っぱくして言っているのは、「ボールが弾んだ、当たった」の単純明快なアドバイス。「弾んだ」、「当たった」のキーワードに、トップ選手が次々と生まれる秘訣がありそうです。

本書では、グローバルで日常的に行なっているレッスンを紹介しています。どんな年齢でも、どんなレベルでも基本的に同じレッスン。そこには「こうやれば絶対にうまくなる」というポリシーがあります。「誰にだって可能性はある」と言う弘次さん。本書は３兄弟をプロにしたグローバル発の『テニスの教え方、教えます！』です。

目次 Contents

第2章　いろんなボールを打てるようにしよう！

第3章 ボレーの基本を学ぼう

第4章 サーブとスマッシュの基本を学ぼう

SRIXON
NICE

第1章

幹になるストロークを作ろう

将来テニス選手を目指すのなら、しっかりとした大きな「幹」を持つことが大切です。ここで言う「幹」とは、絶対にブレないストロークのこと。字を書く練習を毎日繰り返せば、そのうちフリーハンドでもうまく書けるようになります。テニスのストロークもそれと一緒です。身体に負担がなく、心には何の躊躇もない、一筆書きのようなスイングを身につけることが大切です。まずは一気にボールを打ち抜くストロークをマスターする方法を学んでいきましょう。

導入　フォアもバックも両手打ちからスタート①

両手でボールを打ちましょう

難易度
★
適正人数
1～8人

① 両手で用意

7歳のりとむ君は両手打ちでテニスを始めて 10 カ月

② 思い切り振って

両手だと力強くスイングすることができます

③ ボールを飛ばそう

大切なのは細かいことを言わないこと。「いまのはよくボールが飛んだね！」という言葉に、子どもの目はキラキラする

レッスンポイント

スムーズに振れているか

グローバルプロテニスアカデミー（以下グローバル）では、①～③のようにフォアもバックも両手打ちから入ります。両手打ちから指導するのは、身体を使ったスイングを最初に覚えてほしいからです。

両手で打つときには、④のように長い棒を振るイメージが必要です。これで、「身体を捻って、その捻りを戻して」というスイングの基本動作を早く覚えることができます。

④ 長い棒を振るイメージ

両手打ちフォアのスイングを見せて「こうやって一気に振ってみて」とアドバイス

両手ならラケットの重さがあるパワーストロークを振ることができる

ここを注意

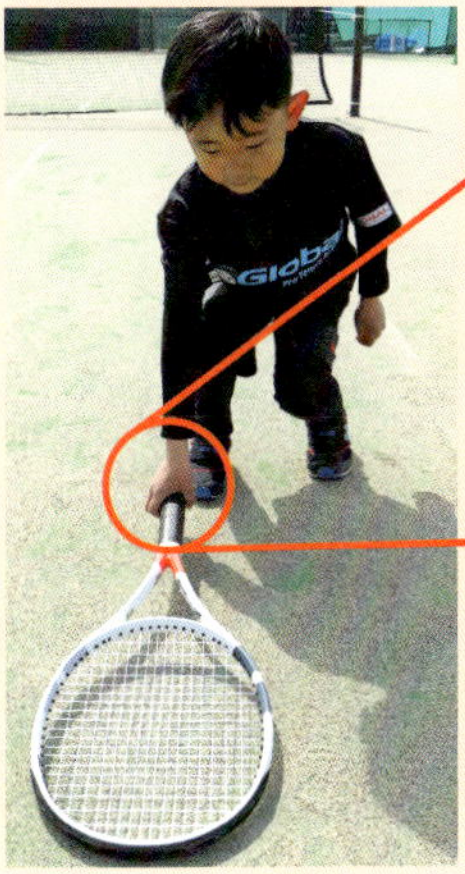

小さな子どもに「ラケットを持って」と言うと、たいてい写真のような握り方をします。この握り方がいちばん力が入るからです。しかし、この握りのままフォアに慣れてしまうと、いつかはグリップを修正する時期がきます。それでは遠回りです

ここに注意
両手打ちのほうがケガが少ない

小さな子どもは力がありません。非力な子どもに片手で無理に打たせるとケガにつながり、力むクセがつく危険性があります。また、両手ならボールを簡単に飛ばせるので、最初から「テニスは楽しい」という気持ちを感じることができます。

ここも注意
グリップが厚くなる

まだ非力な子どもにラケットを持たせると、上の写真のような握り方をします。このままでフォアを導入していくと、そのクセが抜け切らず厚いままのグリップになり、プレイスタイルが限定されてしまいます。正しい両手打ちの握り方は次ページで。

ラケットの握り方を教えましょう

難易度
★
適正人数
特になし

そのまま右手を左手の上まで下ろして握る

両手打ちフォアグリップの完成形

そのまま左手を右手の上まで下ろして握る

両手打ちバックグリップの完成形

ここに注意
グリップはしっかり教える

両手打ちからスタートするときに大切なのは、将来につながるラケットの握り方（グリップ）をしっかり教えることです。ここでは自己流はNG。フォアもバックもきちんと握れているかつねにチェックします。

レッスンポイント①
フォアハンドの握り方

両手打ちフォアハンドのグリップは、「非利き手が下」、「利き手が上」になるように指導します。意識せず

① 両手打ちフォアハンドの握り方

ラケットのネックを持って、左の手のひらをフレームに合わせる

そのまま左手をグリップエンドまで下ろして握る

左手はここでOK！

右手の手のひらをラケット面に合わせる

② 両手打ちバックハンドの握り方

ラケットのネックを持って、右の手のひらをフレームに合わせる

そのまま右手をグリップエンドまで下ろして握る

左手の手のひらをラケット面に合わせる

にやると、利き手が下になるように握りがちですが、そうではないので注意してください。

レッスンポイント②
バックハンドの握り方

両手打ちバックハンドのグリップは、「利き手が下」、「非利き手が上」になるように指導します。ポイントは、右利きなら左利きのフォアハンドで打つイメージを持つことです。

ここを意識

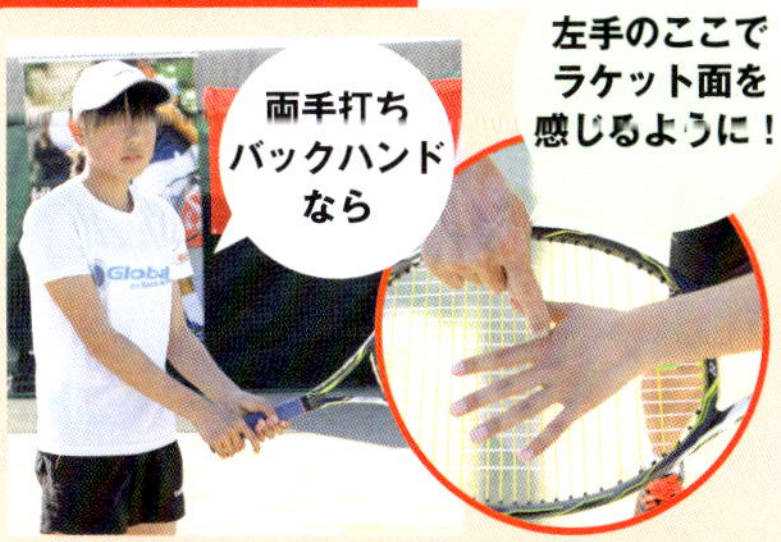
両手打ち
バックハンド
なら
左手のここで
ラケット面を
感じるように！

フォアでもバックでも大切なのは、ラケット面を手のひらで感じることです。そのときのポイントとなるのが、人差し指の第一関節の位置とラケットの中心がズレないように指導することです

導入 フォアもバックも両手打ちからスタート③

ボールを打ってみましょう

① グリップを確認

両手打ちフォアハンドの選手の場合、将来は片手打ちに移行するケースも多いので、特に右手（利き手）がしっかり握れているのか確認します

② 手出しのボールで確認

この写真で行っているのは身体の捻りのチェックです。オープンスタンスのまま、上体を捻って打てているかチェックします

レッスンポイント
スムーズに振れているか

フォア、バック両手打ちの選手で大事なのは、その握りでしっかりとラケットを振れているかどうかです。

グローバルで、両手打ちから導入しているのは「身体の捻り戻しを使ったスイング」を覚えてほしいからに他なりません。

指導するときは、あらゆる方向からフォームを見て、改善点が見つかれば個別に指導していきます。

難易度
★
適正人数
1～8人

③フォアを確認

モデルの結依香ちゃんは 13 歳。年齢としては片手打ちへの移行期とも言えますが、スイングはスムーズで特に問題ありません。このまま黙って様子を見ることにします

④バックを確認

逆にバックハンドには少し気になる点があります。腕が身体に近くて小さなスイングになっていることと、左腰がロックするような踏み込み足です。様子を見て直らないようなら改善していきます

✕ 踏み込み足

左腰がロックされてしまう

✕ 腕の位置

腕が身体に近いと小さなスイングになってしまう

アドバイスポイント

修正を焦らない

選手を見ていると「あそこを直したほうがいいな！」と思うことがありますが、すぐにあれこれ言うのはNGです。時間がたてば自然に改善することもあるし、あまり口うるさく言うと、選手の頭がパンクすることもあります。オーバーコーチング（教え過ぎ）は、けっして良い指導ではないと考えています。

導入 フォアもバックも両手打ちからスタート④

フォアの片手打ちへの移行を考えましょう

難易度
★
適正人数
1 ～ 8 人

① 両手打ちフォアハンドから

両手打ちから片手打ちにするときは、下にある左手を離すだけ

② 右手で長く握る

左手を離すとコブシ一個分グリップが空いてしまうので右手で長く握ります

③ 球出しで確認

片手打ちに変えたときは球出しでスイングやボールの勢いをチェックします。しっかりしたスイングになっていなかったり、ボールが飛ばなくなったときはまだ移行には早いということです

レッスンポイント

片手打ちにするときは

両手打ちフォアハンドを片手打ちにする作業は比較的簡単です。①、②のように下にある左手を離して、上にある右手をグリップエンドまで下げる。これだけです。しかし、最初は選手にとってすごく違和感があります。

アドバイスポイント

本人が変えたいと思ったときが変えるタイミング

グローバルでは、フォアハンドは

❹ 両手打ちも片手打ちも基本フォームは同じ

8歳までの両手打ちフォアハンド
いまでも普通に打てるけど…
現在の片手打ちフォアハンド
やっぱりこっちのほうが自然な感じ！

写真の萌ちゃんはグローバル育ち。8歳まで両手打ちでしたが、いまは完全な片手打ちです。この写真を見ればわかるように、身体の使い方やスイングは両手打ちも片手打ちも同じ。移行がスムーズならこうなるはずです

両手打ちから入りますが、本書でモデルとなってくれた子どもたちも含め、低学年でも片手で打っている選手がいっぱいいます。とくに男の子の場合は、早いタイミングで片手打ちに移行する傾向があります。

私がいちばん重視するのは本人の意向です。「片手打ちにしたい」と思った時点で、その選手は一段レベルが高くなっているはずです。そこで「まだ早い」とコーチが止める必要はありません。

一方で女の子の場合は、両手打ちフォアのまま育つ子もいます。それはそれで構いません。男子プロはリーチ、コートカバリングの都合上、ほとんど片手フォアですが、女子プロの中にはフォア、バック両手打ちの選手もたくさんいるからです。

導入　早くうまくなるために①

ラケットとボールを考えましょう

①ラケットの重さは

小学4年（10歳）の忠邦くんが使っているラケットはもちろんノーマルサイズ。スペックはここに表示してあるよ

重さはちょっと軽めの267グラム

もう少し大きくなったら300グラムくらいのラケットを振れるようになろう

アドバイスポイント①

ノーマルラケットを使用

グローバルでは、テニスを始めた最初の段階からノーマルラケットを使わせています。とは言え、小さい子どもは重いラケットはうまく振れません。最初に選ぶラケットは軽量のものを選んで、また、ストリングの張りもできるだけ緩めに。ボールを飛ばす楽しさを体験させます。

アドバイスポイント②

イエローボールを使用

ボールも同様に、試合で使うのと

❷ 練習で使っているボールは

グローバルで使っているのはノーマルボール。レッドボールやグリーンボールは使用していません

❸ こんなに弾みが違うぞ

同じ高さからボールを落とすとこんなに弾みが違います。もちろん弾みが小さいレッドボールのほうが扱いやすいですが、だからと言って、それが上達につながるわけではありません

❹ 空気圧を落としたボール

小さな子どもたちのクラスでは空気圧を落としたボールを使っています。ボールの重み（約 55g）を早くから体感しましょう

同じイエローボールを使用しています。ただし、小さな子どもの場合は高く弾むボールを打つのは難しいので、練習では同じ重さで空気圧を落としたボールを使用しています。

教え方、教えます

ジュニア用のラケットやレッドボールを使わない理由

グローバルでは、ジュニア用のラケットも柔らかいボールも使っていません。これはプレイ&ステイとは違うアプローチです。プレイ&ステイは、どちらかと言うと「テニスの楽しさを知ってもらうための導入法」で、私たちが行っているのは「テニスがうまくなるためのアプローチ」だと考えています。子どもの成長に合わせて、ラケットやボールを変えていくのは遠回りです。

導入　早くうまくなるために②

ラケットのことをもう少し考えましょう

難易度
★

適正人数
1～8人

① こうならないように！

りとむくんに短いラケットを渡してノーアドバイスでボールを打ってもらったら、面がひっくり返るような打ち方になりました

② いい加減なスイング

軽くて短いラケットは簡単に振れるので、写真のような打ち方になってしまいがちです。これは先にボールがついたひもを横振りするイメージ。NGスイングです

アドバイスポイント

ノーマルラケットで大丈夫！

テニスを始めた最初の段階から「ノーマルラケットで大丈夫？」と質問されることがありますが、まったく問題ありません。なぜなら両手打ちでスタートするからです。逆に、ジュニア用のラケットからスタートすると手先で打つ悪いクセがつくこともあるので注意しましょう。

ここに注意

いい加減なスイングでも打ててしまう

短いラケット&柔らかいボールで

前に大きく振ろう！

まず覚えてほしいのは、基本となる大きなスイングです。デモを見せながら「前に大きくスイングしてみよう」とアドバイスしましょう

③ これもだめ

面が上を
向いているよ

軽くて短いラケットは扱いやすいので面をオープンにして簡単にボールを飛ばそうとする子どもが現れますが、そのスイングもNGです

④ ほら、うまく打てた

おっ！
いいぞ！

りとむくんのフォアハンドは両手打ちだけど、ある程度の基礎スイングができていれば、片手で打ってもこの通り

スタートすると、デタラメなスイングでも打ててしまうのが最大のデメリットとなります。その打ち方が身についてしまうと、結局はいつか修正する必要が生じ、遠回りになります。基礎を作る段階で覚えてほしいのは、一気に、大きく振り切る「ワンピースのスイング（28ページ参照）」なのです。

レッスンポイント

ノーマルラケットを片手で振ってみる

このページでモデルとなっているりとむくんは普段は両手打ちでフォアを打っていますが、④のように片手で打ってもきちんとしたスイングになっています。これは基本的な身体の使い方ができかけているからです。小さな子どもの成長は、大人が思う以上に早いものです。

導入　早くうまくなるために③

ボールを遠くに飛ばしましょう

難易度
★★

適正人数
1～8人

① バックネットまで打ってみて！

写真のような球出しでりとむくんにホームランを狙わせます。コースはできるだけまっすぐ、そして大きなスイングで遠くに打たせましょう

アドバイスポイント①
最初はコートに入れなくてOK！

テニスラケットはボールが飛ぶように作られています。思い切り打てばコートを飛び越えて「ホームランばかり」という子どももいることでしょう。しかし、子どもにとってはボールを飛ばすことが「楽しいこと」なのです。初期の段階はコートに入れることを強要しないでください。

アドバイスポイント②
遠くに飛ばせるのはいいこと

ホームランが打てるということ

❷ 上向きの面はNG

こうやった
ほうが簡単に
飛ぶ！

SRIXON

SRIXON
それはダメ。
こうやって下から
上のスイングで
飛ばしてみて！

「ホームランを打ってごらん」と言うと、忠邦くんのように上向きの面を使ってスライス回転で打ちたくなってしまいます。このほうが簡単にボールを飛ばせるからです。しかし、これはNG。そうした打ち方になっている子どもには、下から上に振り抜くスイングで打ってみよう、とアドバイスします

は、ラケットがしっかり振れていて、飛ばせる打点でボールをヒットできているということです。飛ばせる＝速いボールが打てているということ。コートの中をねらう前に、この感覚を身につけてもらいましょう。

レッスンポイント

ボールの回転を見る

ホームランを打たせるときは、ボールにどんな回転がかかっているか見てください。フラット、順回転ならOKですが、上向きの面で打って、スライス回転がかかっているときは修正しましょう。それはこれから覚える、ナチュラルドライブのストロークにつながらないからです。

順回転

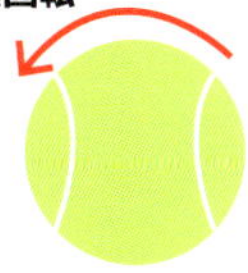

スライス回転

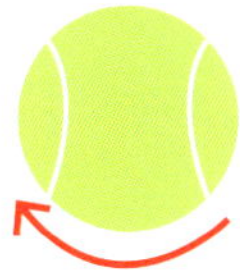

導入　早くうまくなるために④

ボールの飛ばし方を教えましょう

難易度
★
適正人数
1〜8人

❶NG これじゃボールは飛ばない

やさしくボールを出しているように見えますが、この球出しではりとむくんは詰まってしまってホームランは打てません。出す側の意識が間違っています

レッスンポイント①
ボールが飛ばないとき

中にはうまくボールを飛ばせない子どももいます。そんなときは「まだ力がないから飛ばないんだ」と思いがちですが、それは勘違いです。ボールを飛ばすのは「力」ではなくて「スイング」。しっかりスイングできるような球出しをすればいいのです。

レッスンポイント②
スイングできるところにボールを落とす

②OK これならホームランが打てるかも

じゃあ
やり直し

今度はこの
ボールを打っ
てみて

これなら
打てる！

少しだけ前にボールを落としてあげます。たったこれだけの工夫でりとむくんは足を自然に踏み込んで打つことができています。写真のように力強くラケットを振れたらホームランが打てるかもしれません

①のような球出しでは、詰まってしまってうまく打てません。もっと近くに寄って、②のようなていねいな手出しのボールを打たせてみましょう。

このときのポイントは、詰まったところで打たないですむように少しだけ前にボールを出すことです。①のボールではホームランは打てませんが、②のボールを出してあげればホームランが打てるかもしれません。

小さな子どもを指導するときに「うまくいかない」のは、ほとんどの場合コーチの指導力、アイディア不足です。ちょっと工夫するだけで、どんな子どもだってかならずうまくなります。子どもは無限の可能性を秘めていると思って指導に当たってください。

ボールにエネルギーが伝わるスイングを教えましょう

レッスンポイント①
理想のスイングは？

さて、ここからストロークの具体的な教え方に入りますが、私が考える理想のスイングは「ボールにエネルギーがしっかり伝わるスイング」です。

レッスンポイント②
一筆書きのような滑らかなスイングを

ボディターン（テイクバック）からフィニッシュまで、いっさい滞ることなく、一筆書きのような滑らか

① ワンピースのスイング

ゆっくり振っているようでも、スタートからフィニッシュまで一筆書きのような滑らかなスイングになっていれば、ボールにエネルギーを伝えることができます

用語

ボディターン
本書では、わかりやすさのために、一般的な言い方である「テイクバック」という言葉を使用しているが、グローバルではテイクバックのことを「ボディターン」と呼ぶ。手だけを後ろに引くのではなく、身体を捻って打つことを意識するためだ

② 悪い例「振り止め」

インパクトでラケットを止めてしまうのが「振り止め」。これも小さなスイングになるのでボールにパワーが生まれません

③ 悪い例「振り被せ」

ボールを打った後にラケット面を被せてしまうような打ち方になるのが「振り被せ」。これではボールにパワーが伝わりません

な軌道を描くのが理想のスイングです。グローバルではそれを「ワンピースのスイング」と呼んでいます。このスイングができれば、ボールにエネルギーが伝わるのでスピードが出るし、ナチュラルドライブの回転もかかります。

ここに注意

ノッキングを起こすようなスイング

もっとも注意したいのは、スイングがぎくしゃくすることです。②、③ではよく見がちなNG例を挙げていますが、これらは一般的には「手打ち」と呼ばれる振り止め、振り被せなどの悪いスイング例です。子どもたちには、細かなテクニックを教える前に、どんなときもブレない、幹となるスイングを身につけさせましょう!

一気に振り抜きましょう

③腕が伸び切ってからフィニッシュ

ここまで振ってから
高い位置にフィニッシュ

温花ちゃんのスイングは、上の写真のようにフィニッシュ形が小さくなりがちです。しっかり振り切るためには、まず打球方向にラケットを走らせて、これ以上腕が伸びないというところからフィニッシュに持っていくように指導します

レッスンポイント①

テイクバック

ワンピースのスイングを教えるときは、スイングを分解しないことが大切です。教え方としてよくないのは、「はい引いて！」→「打って」→「振り抜いて」というような1、2、3のリズムを強要することと言えるでしょう。大切なのは「ゼロ（テイクバック）」から「イチ（フィニッシュ）」まで、躊躇なく振り切ることです。

子どもに与えるアドバイスも最小限に留めましょう。テイクバックで

難易度
★

適正人数
1～8人

❶ さあ、打ってみよう！

モデルは小学４年（10 歳）の温花ちゃんです。まだ非力なので、力強いスイングになっていませんがフォームは悪くありません。いつも言っているのは「ラケットダウン」と「フィニッシュの形」を大切にです

❷ かならずラケットダウンしてから始動

ラケットの引き方はそれぞれで構いませんが、テイクバックを完了してスイングに入るときはかならずラケットダウンすることを教えます

は、②のように、「ラケットダウン」

レッスンポイント②
フィニッシュ

ワンピースのスイングではインパクトは意識させません。一気に振り放すスイングの中にインパクトポイントがあると思ってください。打点のズレは練習でかならず克服できるので、あまり気にする必要はありません。

それよりも大切なのはフィニッシュの形です。③のように、インパクト後にボールを追うようにラケットヘッドが走っているか、最後までしっかりと振り切れているかどうか、高い位置にフィニッシュが取れているかといった部分をしっかり観察しましょう。

基礎のストローク　振り子のスイング①

スイングでボールを飛ばすことを教えましょう

難易度
★
適正人数
特になし

振り子のスイングイメージ

ラケットの重さを感じながら写真のようなのびやかなスイングで振ればボールにはナチュラルドライブがかかります

用語

ナチュラルドライブ
自然な軽い順回転がかかったボール。スピードと回転の両メリットを兼ねそなえている

レッスンポイント①

振り子のスイングとは？

私が子どもたちにいつも言っているのは「振り子のスイングで！」ということです。野球のバット、ゴルフのクラブ、そしてテニスラケットのように、先に重量があるものをスムーズに振るときには、振り子のスイング意識が必要なのです。

レッスンポイント②

ナチュラルドライブのボール

力ではなく、スイングでボールを飛ばすことが大切です。まず覚えて

❶ 重さを感じて！

これはひもの先にボールを取りつけた自作のスイング練習器具です。ポイントは先に重量があるという点。ひもがたゆまないようにうまく振るためには、力みなく、重さを感じる必要があります

❷ 振り子の意識

ラケットはもともとボールが飛ぶように作られています。ラケットの重さを感じながら、振り子をイメージしてスイングすることが大事です

❸ 水が入ったペットボトルを振る

水が入った（3分の2程度）ペットボトルを振って、重さを感じてみましょう

ほしいのは、遠心力を利用した「縦の振り子のスイング」（34ページ）。これで打てればボールにはナチュラルドライブがかかります。これが世界に通用する基礎となります。

アドバイスポイント
まずベースとなるストロークを作る

「あの子は基本ができている」という言い方がありますが、ストロークに関して言えば、楽にラケットが振れて、質のいいボールが打てているのが「基本ができている子」です。どこを観るかは指導する人によりますが、3兄弟のベースは、最初の段階から口を酸っぱくして覚えさせた「振り子のスイング」です。ラケットは振るものではなく、振れるものです。彼らが子どもの頃も今も、グローバルではとくに重視してその指導にあたります。

「縦の振り子スイング」を教えましょう

難易度
★

適正人数
特になし

① ゴルフスイングと同じ

ゴルフのスイングをイメージして、体の捻り戻しのエネルギーを利用します。先に重量がある棒を振るときのイメージが同じだからです。
写真は、パワーストロークを使ったゴルフスイングですが、これはテニスの「縦の振り子スイング」とまったく同じイメージ。ゴルフ好きのお父さんなら子どもにうまく教えられるでしょう

アドバイスポイント

縦の振り子スイングとは?

振り子のスイングには、「縦の振り子」と「横の振り子」の2つの使い方があります。ベースとなるのはボールにナチュラルドライブをかける「縦の振り子」です。一方、ボールをフラットで打ち抜くのが「横の振り子」となります。

基礎の段階で絶対覚えなければいけないのは「縦の振り子スイング」です。「横の振り子スイング」を覚えるのは、混同してしまうといけないので上達してからでいいでしょう。

② どこで「カチッ」と鳴るかな？

パワーストロークで素振りをさせて、音が鳴る場所をチェックします。正しいポイントで音が出ていなかったときは指導を入れます。力んでいると、身体の後ろ側で鳴り、いいスイングだと身体よりも前で音が出ます

③ ボールをまっすぐ転がす

ボールを転がしてもらって、そのボールをまっすぐに転がるように相手に打ち返します。縦の振り子でスイングできていればまっすぐに転がるはずです（多少、右に出るのは問題ありません）

レッスンポイント
パワーストロークを使う

「縦の振り子スイング」は、とくに小さな子どもは絶対マスターしたいスイングです。グローバルでは、前ページで紹介したひも付きボール、ペットボトルなど、さまざまな小物を練習に取り入れています。実際に使ってみて「これはいいな！」と思ったのが、パワーストロークという練習器具。オフコートや自宅でも簡単にスイング練習ができます。

用語

練習器具　パワーストローク

グリップと先端の中間にあるおもりがスイング中に移動して「カチッ」という音がする練習器具。正しい身体の使い方、正しいスイングができていれば、正しいインパクトのタイミングで音が鳴る仕組み。ストロークだけでなく、ボレーやサーブのスイング練習にも効果的なので、グローバルテニスアカデミーでは積極的に取り入れている

基礎のストローク　振り子のスイング③

「横の振り子スイング」を教えましょう

難易度
★★
適正人数
1 ～ 8 人

❶ 水平に振る

このパワーストロークを使った写真のように、棒を横に振るのが「横の振り子スイング」です。重量を上から下に落とすという要素がないので、縦の振り子スイングよりもパワーが必要なスイングです

❷ ボールを身体の左前方に転がす

ラインに沿ってボールを転がしてもらって、そのボールを左側に転がす。このときラケット面がスムーズに返っていれば OK。写真のように手首をこねるのは NG

レッスンポイント①
横の振り子スイングとは？

ラケットを水平方向に振るのが「横の振り子スイング」です。③を見てもらえればわかるように、トッププロが高い打点からボールを打ち抜くときのスイングと言えばピンとくると思います。

横のスイングは、腕を高い位置にキープしたまま鋭く振り抜くので、ある程度リスクがある打ち方と言えます。また、ラケットの重さを利用する打ち方ではないので筋力も必要です。横の振り子スイングを覚える

③ウィニングショットに使う

萌ちゃんのように、横の振り子スイングを自由に使えるようになれば、高い打点からフラット系のスピードボールを叩き込むことができます。このウィニングショットも将来は絶対にマスターしたいところですが、まずは、縦の振り子スイングをきっちりと教えましょう

のは「大きくなってからでもいい」というのはこうした理由からです。

レッスンポイント②
パワーストロークを使う

とは言っても、「横の振り子スイング」もしっかり教えます。縦の振り子スイングに慣れてきた子どもたちの中には、自然に斜めの振り子スイング（縦と横の中間）を使って打つ子も出てきます。最初に、縦の振り子スイングと横の振り子スイングの2種類があることを教えていれば、子どもは勝手に「その中間くらいで……」と思うものです。

そして実際に成長してからもっとも使うことになるのは、この斜めの振り子スイングなのです。

振り抜きの方向を教えましょう

難易度
★

適正人数
1～8人

① 振り抜く方向はこっち

インパクトの位置で子どものラケットをとり、「こっちの方向にラケットを投げ出すイメージだよ」と振り出す方向を示します。デモンストレーションは極端に行います。そのほうが印象深く子どもの頭に残るからです

ボールがラケットに当たったとすると…

ほら、こっちにラケットが飛んでいくイメージで！

レッスンポイント①
インサイドアウトのスイング

縦の振り子スイングが正しくできているときは、身体の近いところから外にラケットヘッドが振れる、遠心力を感じられる「インサイドアウト」のスイングになっているはずです。これができていないと次のステップに進めません。

大切なのは、①のように、インパクトの直後にラケットを振り抜く方向です。正しいインサイドアウトのスイングになっているかチェックしましょう。

② ひも付きボールを投げる

インサイドアウトのスイングイメージを作るときに一番わかりやすいのは、実際にラケットを投げ出すことですが、大切なラケットを放ることはできません。何度も繰り返しできるのは、ひも付きのボールを使う練習。忠邦くんもこの練習で良いイメージを持つことができました。遠心力を感じることが大切です

③ 水が入ったペットボトルを投げる

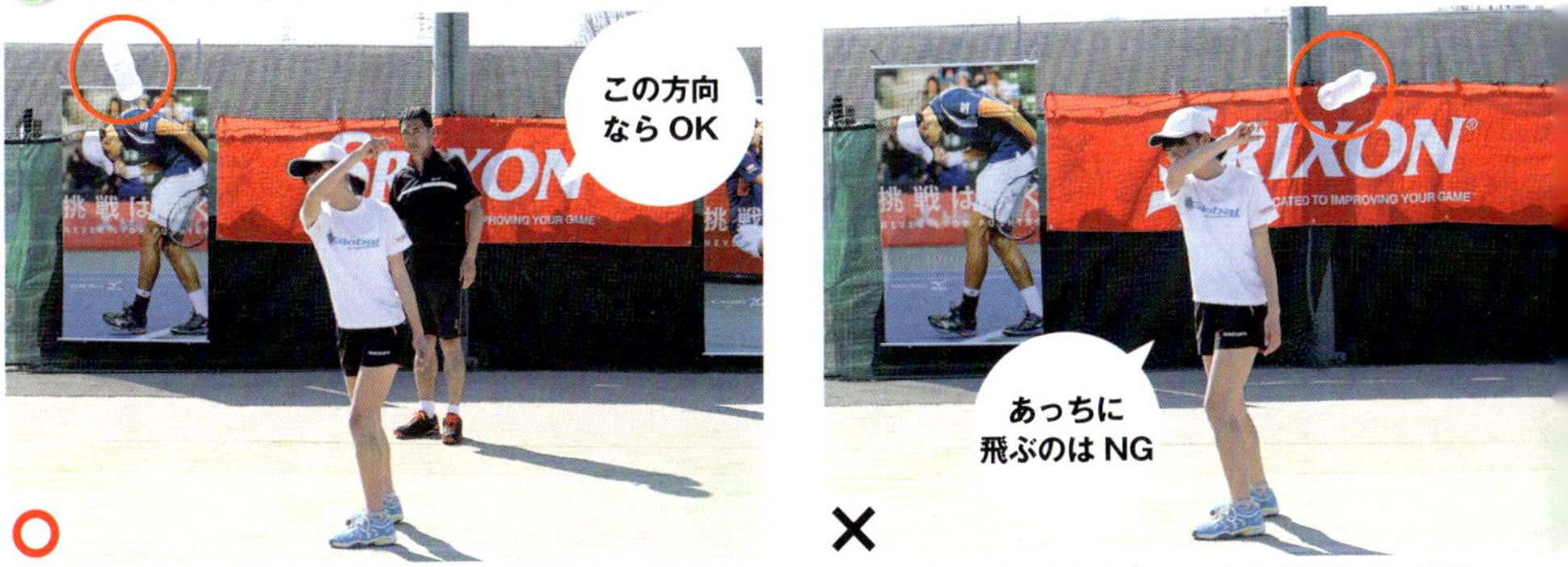

ひも付きボールがないときは水が入ったペットボトルで代用します。右斜め前方に飛べばOK。身体よりの左に飛ぶのは「アウトサイドイン」のスイング（次ページ参照）になっているからです

レッスンポイント②

右斜めにラケットを放り出すイメージ

インサイドアウトのスイングは、身体に近いところからラケットヘッドを外に振り出すイメージを持つことが大切です。このイメージを持たせるための練習として、②のひも付きのボールや、③のペットボトルを使用します。

教えるときは、「使えるものは何でも使え！」が私の持論。どうすればわかりやすく具体的に伝えることができるのか……ということを指導者はつねに考えてください。

2つのスイングの違いを教えましょう

難易度 ★★

適正人数 1〜8人

① インサイドアウトのスイングは

インパクトから
インパクト

右側に振るイメージ

シングルスティック2本でスイングがトレースできます。このように合わせるのが「インサイドアウト」のスイングイメージ。内側から振り出してインパクト。そこから外側に振り放つイメージで素振りしてみましょう

レッスンポイント①
2つのスイング

縦の振り子、横の振り子のページでも触れましたが、スイングは大きく分けると、身体の近いところから外に振る「インサイドアウト」と、外から身体に巻き込むように振る「アウトサイドイン」の2種類に分類することができます。

もちろん、最初に覚えてほしいのは、縦の振り子スイングのベースとなっているインサイドアウトのスイングですが、アウトサイドインのスイングがどういうものなのか、しっ

② アウトサイドインのスイングは

アウトサイドインのスイングイメージを作るときは、①のシングルスティックの向きを矢印のように変えます。インパクトまでの振り出しイメージはインサイドアウトと同じでOKです。そこから身体の左側にラケットを巻き込むのがアウトサイドインのスイング。何度も素振りして2つの違いを頭に入れましょう

ひも付きボールでやってみるとわかりやすい

インサイドアウトのスイングイメージをつかんだ忠邦くんに今度はアウトサイドインのスイングをしてもらいました。実際にラケットで打つのは大変ですが、ひも付きボールなら簡単にアウトサイドインのスイングがトレースできました

かりと教えましょう。

レッスンポイント②
アウトサイドインのスイング

インサイドアウトは、身体に近いところからラケットヘッドを外に振り出すイメージのスイングでしたが、アウトサイドインは、その逆。ひも付きボールの写真のように、身体から離れたところからラケットヘッドが回ってくるイメージのスイングです。これはトッププロたちがフラット系の強打をするときに使っているスイングで、インサイドアウトのスイングよりもラケットヘッドを鋭く振ることができます。

ですから、アウトサイドインのスイングが悪いというわけではありません。覚える順番として、インサイドアウトからアウトサイドインのほうが自然ということです。

基礎のストローク　振り放しのスイング①

一気に振り抜くスイングを教えましょう

難易度
★★
適正人数
1～8人

① スイングを止めるのはNG

ボールを打った直後にスイングを止めてしまうのはNGです。こうしたクセがある子どもは、当たった瞬間にグリップを握り込む傾向があるので、44～45ページの練習法で矯正していきます

② 肘を畳むのもNG

ボールを打った後に肘をすぐに畳んでしまうのもNGです。これでは大きなスイングになりません

レッスンポイント①
スイングを止めない

ストロークの基礎を覚える段階で大切なことは、大きなスイングをすることです。一気に振り抜くようなスイングが理想です。

グローバルでは、その理想のスイングを身につけるために「振り放しのスイング」というワードを使って指導しています。

レッスンポイント②
大きく振るために

最初の段階では、空振りや打ち損

③ 下向きに振るのもNG

下向きの
スイングは
NG

打った後に下向きにスイングを持っていくのもNGです。打つときの面がオープンになっている子どもに見られがちなので、その場合はグリップの矯正もしっかり行いましょう

④ このスイングを身につけよう

ここから

一気に
振り抜く

身につけたいのは、何の躊躇もなく一気に振り抜くスイングです。44～45ページの練習をすればこんなに良いスイングになりますよ！

じをしたくないので、①のように、インパクトでスイングを止めてしまう子どもがいます。しかし、これは車でいえば、せっかくスピードが出たのに急ブレーキを踏むようなもの。スムーズなスイングにはなりません。また、②や③のようなNGスイングになっていないかもチェックしましょう。

ここに注意

NGスイングはすぐに矯正

インパクトでスイングを止めてしまう子どもの他にも、打った後にすぐに肘を曲げてしまう子、下向きにラケットを振ってしまう子などがいます。そうしたNGスイングは早めに矯正していくようにしましょう。振り止め、振り被せにならないように注意します。

基礎のストローク　振り放しのスイング②

振り放しスイングのポイントを教えましょう

①ボールが当たった後にラケットを離す

子どもたちの前で、ボールが当たった瞬間にラケットを離すデモンストレーションを行います。こうして「大切なのはインパクト。フォロースルーでは力を解放するように」とアドバイスします

レッスンポイント①

当たった後にラケットを放す

一気に振り抜く大きなスイングにならないのは、42ページの①のように、インパクトの後にグリップを握り込んで、スイングを止めてしまうからです。そこで①のように、ボールを打った直後にラケットを放すデモンストレーションを見せて、「これでもボールは狙った所に飛んでいくでしょう！」とアドバイスします。大切なのは、力を入れることではなく、解放することだと教えましょう。

難易度
★★
適正人数
1～8人

② タイミングが合わないと

あっ、
早すぎた

手を離すタイミングが早すぎるとボールがどこにいくかわからない

③ 手を離すタイミングが遅くても

あれっ、ボールはちゃんと飛んでる！

手を離すタイミングが遅いとラケットは身体の左方向に吹っ飛びますが、正確にボールを捉えていれば、ボールは狙った方向に飛びます

④ だんだんタイミングがつかめてきた！

だいぶ
良い感じ！

フォローで力を解放する感覚がつかめてくるとラケットとボールが飛ぶ方向が徐々に近づいてくる

レッスンポイント②

インパクト後の解放が大切

しっかりボールを捉えることができていれば、フォローでラケットをリリースしてもボールは狙った方向に飛ぶものです。大きなスイングにするためには、打った後は力を解放するイメージを持つことが大切です。ボールを打った後にグリップをギュッと握り込むと、スムーズなスイングにならないので注意してください。②〜④のように実際に子どもたちにやらせてみて、フォローで力を解放する感覚を身につけさせます。

基礎のストローク　振り放しのスイング③

インパクトのイメージを教えましょう

難易度
★
適正人数
1～8人

① 打点に見立てた左手に右手で「パン！」

①

②

③

①のように構えてください。左手がインパクトポイントです。力を抜いて右の手のひらで左の手のひらを叩いて「パン」と良い破裂音をさせてください。そのままフォローを取ればフォアハンドになります。

アドバイスポイント

当たった後にラケットを放す

42ページで、インパクトでラケットを止めるのは急ブレーキをかけるようなものと言いました。力強くボールを弾くためには、正しいインパクトのイメージを伝えることが大切です。私は、このイメージを伝えるために、さまざまな方法を駆使しています。

レッスンポイント

デコピンはどうやったら痛い？

デコピンはインパクトのイメージ

② デコピン

う～痛そう！

どんなデコピンが痛いかな？

③ ペットボトルを弾く

空いたペットボトルを
パーンと弾き飛ばして！

ペットボトルを遠くまで弾き飛ばそうと思ったら、当たったところで指を止めないはずです。ラケットでボールを打つときも同じイメージです

④ サッカーボールを蹴る

どうやったらボールを遠くまで蹴れるかな？
OK
振り切ったら飛ぶぞ！
NG
止めたら飛ばないよ

を覚えるのにうってつけです。どんなデコピンが強烈かは、だいたいわかると思います。あの感覚がインパクトのイメージに似ています。おでこで指を「ペシッ」と止めるデコピンは痛くありません。痛いのはおでこを「ビシッ」と弾き飛ばすようなデコピンです。実際の練習では空いたペットボトルを使ってみましょう。パーンと弾き飛ばせれば合格です。

　サッカーボールを蹴っても同じイメージをつかめます。ボールを飛ばそうと思ったら足を振り切るはずです。足を止めたらボールは飛びません。また拍手をするときも、大きな音を出そうと思ったら両方の手のひらの力を抜き、共鳴させれば、「パン！」と破裂音がするはずです。ゆっくり合わせたら音は出ません。

　いろんな方法でインパクトのイメージを伝えていきましょう。

基礎のストローク　柔らかく打つために

しなやかなスイングを教えましょう

難易度
★★
適正人数
特になし

① ネックまで手を滑らせる

ボールを打ったらそのまま手のひらをラケットのネックまで滑らせます。
これができれば脱力できているということです

アドバイスポイント　最高の褒め言葉

子どもたちを指導するときには、いろいろな褒め言葉があると思いますが、グローバルにおける最高の褒め言葉は、「今のはしなやかだったよ！」です。どこにも力が入っていないように見えて、ボールがビュンと伸びる……それが理想のスイングだからです。

逆にボールと喧嘩するような、「硬いスイング」はNG。小さなうちから「柔らかいスイング」ができるように指導していきましょう。

②球出しで練習

× NG

握り直したから
面の方向がおか
しくなっている

○ OK

スイングした
方向に手を滑
らせる

やさしい球出しボールを打ってうまく脱力できるかどうか試してみましょう。脱力がうまくいかないとNG写真のようにグリップを握り締め直す形になります。OK写真のようにスッと滑らせることができるまで練習しましょう

③しなやかなスイング

この練習をした後の
忠邦くんのフォアハ
ンドは、しなやかな
スイングに変わって
きたぞ！

レッスンポイント

フィニッシュで脱力する

ボールを打つときに100％の力を使ったら、あとは脱力するだけです。58～59ページで紹介している齋藤恵祐選手のフォアハンドでは、フィニッシュで手首（ラケット）がペローンとした形になっています。あれが脱力した、柔らかいスイングの証拠です。

逆に言えば、フィニッシュで脱力できればしなやかなスイングになるということです。①、②では脱力の仕方を覚えるための練習法を紹介しています。素振りでもできることなので、普段の練習に取り入れてください。

基礎のストローク　力強くスイングするために①

捻り戻しのスイングを教えましょう

難易度
★
適正人数
1～8人

レッスンポイント①
捻って、戻すが常識

今のストロークで標準的なテクニックとなっているのが「捻り戻しを使ったスイング」です。下半身と上半身で捻転差を作ることによって、パワーが生まれ、鋭いスイングを実現することができます。

これはテニスに限らず、野球やゴルフ等、先に重量がある道具を振るときに重要視されている身体の使い方です。グルーバルでも捻り戻しのスイングは早い段階から指導しています。

①股関節をグッと入れる

左右の股関節を意識しながら、右の股関節をグッと入れて、軸足に体重を乗せるようにしましょう

②背中にラケットを挟んで

背中にラケットを挟んで下半身を捻ります。大切なのは上半身を回す（NG写真）ことではなく、下半身を捻る（OK写真）ことです

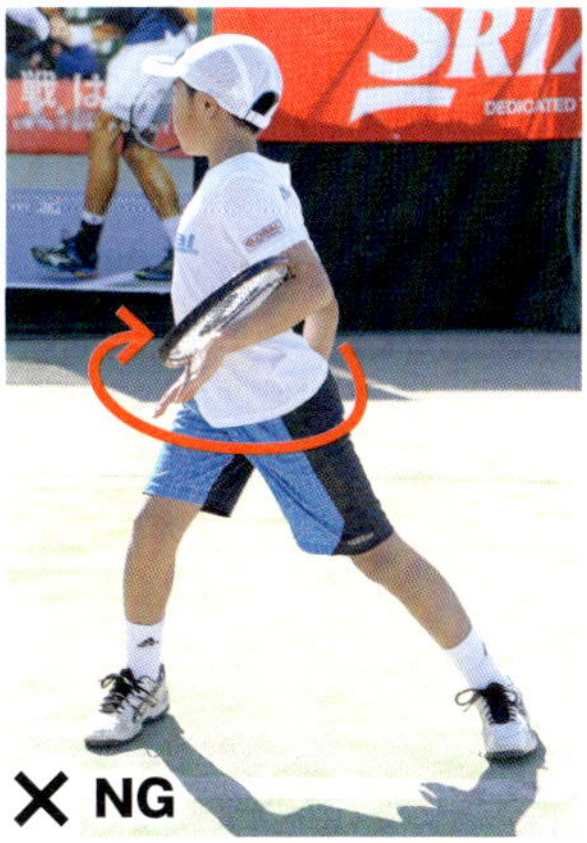

✕ NG

これは上半身を回しているだけ

○ OK

下半身を捻るとこの恰好になる

○ OK

③捻転差があるテイクバック

これがしっかりと捻りを入れた理想のテイクバック形です。強い選手はかならずこの捻転差があるテイクバックになっています

④左の肩を入れる

上半身を捻るときは、左手の親指を地面に向けるようにして肩をグッと入れます。手のひらが上向きのままだと肩が入らないので注意しましょう

✕ NG

手のひらが上向き

○ OK

親指が下向き

レッスンポイント②

股関節を意識しよう

捻り戻しのスイングを指導するときは、股関節を意識させます。とくに大事なのは軸足（右足）の股関節をグッと入れて、軸足に体重を乗せること。このとき上体も②のようにしっかりと捻り、パワーが出せる捻転差を作りましょう。

捻り戻しのスイングを練習しましょう

難易度
★★
適正人数
1～8人

① 基礎練習は球出しで

オープンスタンスのまま、このポジションから手出しします。しっかりと捻り戻しを使えているか細かくチェックします

忠邦くんは、もっと股関節を深く入れて軸足に体重を乗せるようにしよう！

捻って、戻すスイングができている萌ちゃん

レッスンポイント

オープンスタンスのまま打たせる

捻り戻しのスイングを身につける練習はオープンスタンスのまま球出しで行います。このときは体重移動を使ってほしくないので、前足の「踏み込み」はなし。捻った状態を戻す「回転運動と遠心力」だけで打てているかチェックしてください。スイングに鋭さがなかったり、ボールにパワーが生じないのは、捻転差があるテイクバック（51ページ③）ができていないからです。ここは妥協せずに、しっかりと教え込んでください。

②腕が伸び切ってからフォロースルー

バックでも萌ちゃんは捻って、戻すスイングがしっかりできています

捻り戻しを使ったスイングで打てないと手打ちになってしまいます

③右膝カックン

ベースラインに立たせて、後ろから右膝をカックンします。その状態からラケットを引いた形がオープンスタンスのテイクバックです

前後の打点を教えましょう

難易度 ★★★

適正人数 1～8人

① スイングの中に打点がある

3つのコーンを使って打点は一つではないことを説明します。もちろん、いちばん打ちやすいのは「緑」の打点かもしれませんが、「赤（厚い当たりのフラット系ショット）」や「青（薄く当てるトップスピンロブ）」の打点でも打てるようになることが大切です

レッスンポイント①

打点のことは言わない

グローバルでは「打点は膝前」なんてアドバイスはNG。本番でいつも膝前の打点で打てる場面は少なく、選手によっていちばん打ちやすい打点は異なるからです。

私は「打点はワンピースのスイングの中にある」と指導します。最高の打点は、ボールを打つときにいちばんエネルギーが加わる場所。それは、いちばん良い当たりをする場所のことを指します。練習を積み重ねていると自然とわかってきます。

② 前後に球出しする

前後の打点を覚えるための基礎練習は球出しで行います。コーチは、浅いボール、普通のボール、深いボールをランダムに出して、生徒がどう対応しているかチェックしましょう。忠邦くんはうまく対応できています

普通のボールは緑の打点

深いボールは青の打点

浅いボールは赤の打点で

レッスンポイント②
「打線」の中に最適の「打点」がある

ワンピースのスイングを心がければ、テイクバックからフィニッシュまでは一気振りです。つまり、一気に振る「打線」の中に「打点」があるということです。

前後の打点については、3つのコーンを使って練習します。赤が「前の打点」、緑が「普通の打点」、青が「後ろの打点」です。

× 悪い例

手打ちになったり、身体が突っ込むと、前後の打点にうまく対応できないので注意しましょう

基礎のストローク　正しい打点で打つために②

左右の打点を教えましょう

① ボールの後ろに身体を運ぶ

普通の打点から

踏み込めば、身体から遠い打点に対応でき

回り込めば、バック側のボールをフォアで対応できる

「緑」は普通の打点、「赤」は身体から遠い打点、「青」は回り込みの打点。大切なのは、ボールの後ろに身体を運ぶことと説明します

レッスンポイント①
スペースの中に身体を運ぶ

左右の打点については、自分のスイングができるスペースの中に身体を運ぶことが基本となります。「ボールの後ろに身体を運びましょう」というアドバイスも同じ意味です。グローバルで、特に力を入れているのは、①のようなフォアハンドの打点の取り方です。バック側のボールでも回り込んで、フォアで打つように早い段階から指導しています。実際の試合で大きな武器となるのはフォアハンドだからです。

難易度
★★★
適正人数
1～8人

② 左右に球出しする

左右の打点を覚えるための基礎練習は写真のようにコーンを並べて行います。コーチは、左右のボールをランダムに出して、生徒の対応をチェックしましょう。温花ちゃんは、スイングスペースにうまく身体を運ぶことができています

身体から遠いボール

これは赤の打点だから踏み込んで

回り込みのボール

これは青の打点だから回り込んで

レベルが上がったら

レベルが上がってきたらコーンの間隔を広くして練習します。萌ちゃんが行っているのは、うちの3兄弟もかならず行っている練習です

きついけど
頑張ろう！

レッスンポイント②
回り込むフットワークが大事

左右の打点については、①、②のように3つのコーンを横に並べて練習します。赤が「身体から遠い打点」、緑が「普通の打点」、青が「回り込みの打点」です。

その中で、とくに重要なのが回り込んで打つ青の打点と言えます。これを練習していないと、身体の左側にボールが来ると無意識にバックハンドで構えてしまいます。将来の武器となる回り込みのフォアハンドを身につけるために、早い段階から回り込めるフットワークを身につけるのが練習の狙いです。

基礎のストローク　正しい打点で打つために③

サンマはサンマ、ヒラメはヒラメの泳ぎ

まったく力みなく、ゆっくりと振っているように見えるけど、打ったボールはスピードがあって回転もよくかかっているのが恵佑フォアハンドです。こんな「しなやかなスイング」を身につけましょう！

アドバイスポイント

信念を持って指導しよう！

上の連続写真はグローバル育ちの齋藤恵佑選手のフォアハンドです。彼は全中で優勝。松岡修造さんが主催する修造チャレンジでも「この中でいちばん良いスイングをしている！」と褒められる滑らかなスイングの持ち主。また左の写真は、長男の裕介と、三男の陽介のフォアハンドですが、撮ったカメラマンが「フォームが瓜二つ」と驚いていたこともあり、パネルにしてクラブハウスに飾っています。

❶ 齋藤恵佑選手のフォアハンド

❷ 裕介と陽介のフォアハンド

このパネル写真は裕介と陽介のフォアハンドですが、インパクトのフォームが瓜二つ。同じような打ち方を指導したわけではありませんが、結局は、合理的な打ち方になればフォームは似てくるということでしょう。小さな子どもたちにも見せたいのでクラブハウスに飾っています

利き手は違えど、恵佑のフォアハンドも裕介、陽介と似ています。

私がよく口にするのは、「サンマはサンマ。ヒラメはヒラメの泳ぎになる」と言うことです。自然体で、同じような指導の中で、同じような練習をして育てば、子どもたちのフォームは自ずと似通ってきます。そのフォームが世界のトッププロたちと似ていれば、指導も間違ったアプローチではないということでしょう。

コートで言っているのは、①足は動いているか、②しなやかにスイングしているか、③弾んだ、当たったを発音しているか、という単純で基本的なことです。次ページから、③の声出しについて解説します。

基礎のストローク　タイミングを取るために①

「弾んだ」「当たった」は魔法の言葉

難易度
★★

適正人数
1～8人

① 声に出すのは「弾んだ」「当たった」

小さな子どもに球出しするときは、コーチも子どもも一緒になって「弾んだ」、「当たった」と声を出すのがグローバル流の指導です。細かいことは言わなくても、毎回やっていればそれだけでワンピースのスイングになります

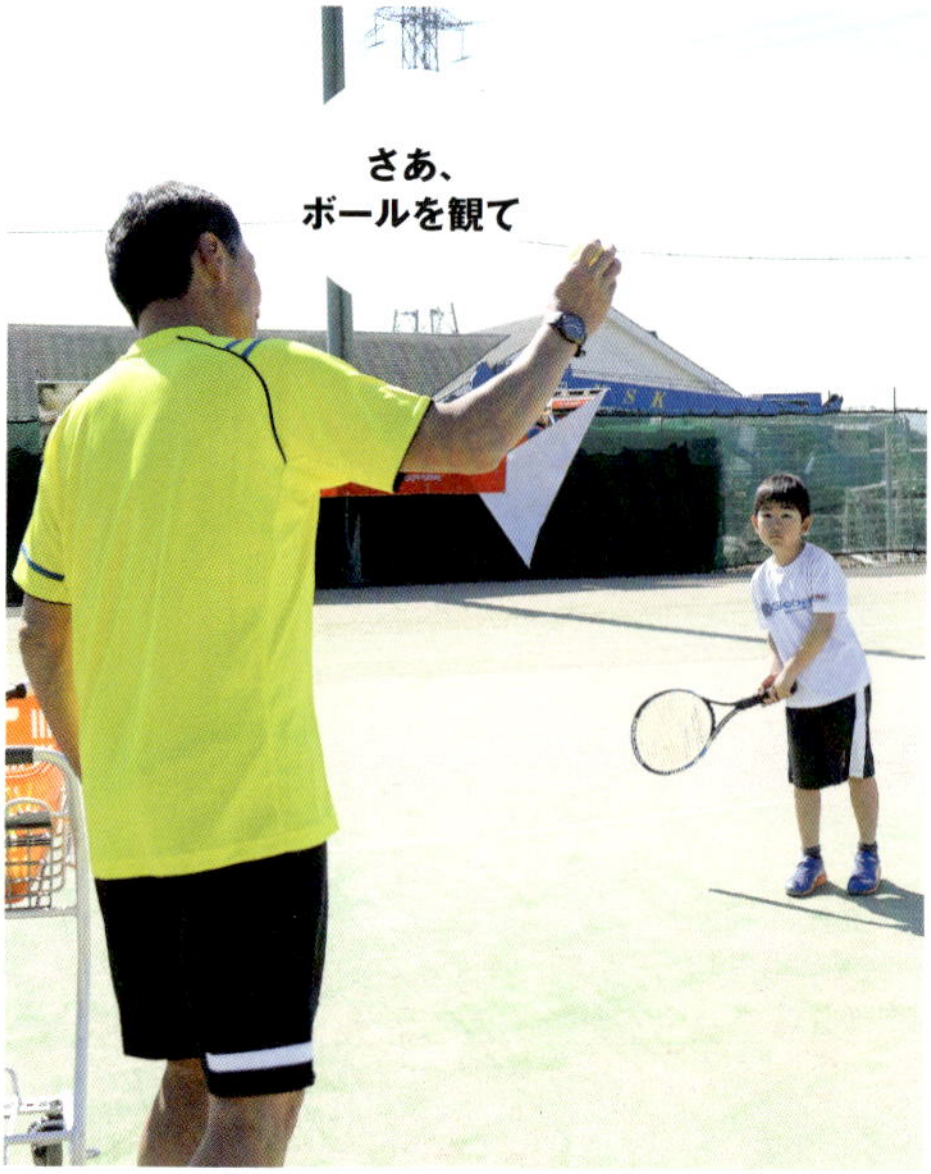

声出しの４つの効果

1. ボールの観察	声出しのタイミングのために、自然とボールをよく観察することになる。
2. 集中	声を出すことで、ボールと自分のプレイに集中できる。
3. リラックス	声を出す際に息を吐くことで、ムダな力が抜ける。
4. 安心	本番で練習と同じように声出しをすれば、心を落ちつかせることができる。

アドバイスポイント①
タイミングの取り方

グローバルでは、「1（構えて）、2（引いて）、3（打って）」のようなタイミングの取り方は教えていません。動きを分解すると、スイングが鈍くなったり、振り遅れやすくなるからです。タイミングの取り方は「1弾んだ、2当たった」。この方法だと①確実にボールが観察でき、②ボールに集中できる、③声を出すことで息が吐けてムダな力が抜ける、④本番で練習と同じように声出しをすると、安心できる、という4つの効果

② つねに声を出して練習

ウォーミングアップのミニテニスでも「弾んだ」「当たった」と声に出すように指導しています。このシンプルなリズムを身体に取り込んでほしいからです

を期待できます。よりやりやすい言葉があれば、それでも構いません。

アドバイスポイント②
1、2、3のリズムは実際的じゃない

テニススクールで習うのなら「1、2、3」でも「1、2、3、4」のリズムでもいいと思います。コーチがそうしたゆっくりのリズムに合わせてボールを出してくれるからです。よく「コーチとならラリーが続くのに生徒同士だと続かない……」という声を耳にしますが、それは習ったリズムでしか打てないからです。

しかし、試合ではいつも同じリズムでは打てません。そんなときの助けになるのが「弾んだ」「当たった」の2拍子なのです。裕介、敬介、陽介は、調子が悪くなったときは今でも「弾んだ、当たった」と声に出します。そのくらい声出しは大切なのです。

ボールを打つときの呼吸法を教えましょう

①試してみよう！

すごく
リラックス
できる
吐いて一気に
しゃがむ
吸いながら伸
び上がる

息を吸いながら背伸びをして、しゃがむときに息を吐いてみましょう。全身がリラックスするのがわかるはずです。この脱力をストロークに使いましょう

アドバイスポイント①
呼吸でリラックスする

力強くスイングするための呼吸法も覚えましょう。呼吸ひとつでリラックスすることができるからです。

多くのトッププロがボールを打つ瞬間に声を出します。あれは打つタイミングに合わせて息を吐いているからです。試しに息を吸いながら素振りをしてみてください。まったく力が入らないでしょう。呼吸法はバカにできない大事なテクニックなのです。

❷ ボールを打つときの呼吸法

準備（テイクバック）息を吸うのは共通ですが、ボールを打つときは、息を吐くタイプと、息を止めるタイプの２種類の選手がいます。自分でも試してみましょう

テイクバックで吸って　フォワードスイングで吐いて　インパクトで吐き切って　フィニッシュ

アドバイスポイント②
鼻から吸って口から強く吐き出す

ストロークを打つときの呼吸法は、打つ前の準備で「吸って」、打つときに「吐く」というのが基本です。このとき、吸うときは、鼻から細く吸って、吐くときは、口から強く吐くように心がけましょう。

空手や剣道のような打突系の競技では、呼吸法は大切なテクニックとされています。ボールを叩くテニスでも、リラックスしてタイミングを整える正しい呼吸の仕方は、もっと考えるべきだと思います。

上の写真で例を示しましたが、自分で試してみて、ボールを打つときに、吐くタイプがしっくりくるのか、止めるタイプがしっくりくるのか、チェックしてください。

コーチが見るポイント　足は動いているか①

足の使い方を教えましょう

①ボールを待っているとき

かかとを見る

相手のボールを待っているときの足を見ます。両足のかかとがべったりと地面につけているのは NG です

②先行動作のステップを指導

動き出しを良くするためにステップを入れるように指導します。軽いスプリットステップで十分です

軽いステップでかかとを上げてみて

アドバイスポイント①
足はどこを見れば良いのか？

フォアハンドでもバックハンドでもボールを打つ準備段階として、「足の動き（フットワーク）」はとても重要です。ボールを打つ能力が互角なら、試合に勝つのは、「フットワーク」に勝った選手というのが、テニスの常識です。そのくらいテニスでは「足」が大切です。

では、指導者はフットワークをどう教えたらいいのでしょうか？

私は、足の動きに関しては、「こうしなさい、ああしなさい」とは言

難易度
★
適正人数
1 ～ 8 人

③ これが良い例

これが正しいアイドリング状態。このスプリットステップが踏めていれば確実に動き出しが早くなります

わないタイプです。なぜなら、頭で考えて足を動かすのはおかしいと思っているからです。自然に動けるのがベスト。そのために自然に動けるスイッチを探しましょう。

アドバイスポイント②

3つのスイッチ

ここで紹介している3つのスイッチは、私がとくに大切だと思っているフットワークのポイントです。この3つを意識しながらボールを打ってみてください。今までとは違った自分を発見できるはずです。

コーチが見るポイント 足は動いているか②

足の使い方を教えましょう

難易度
★★★
適正人数
1～8人

④ストライクゾーンに身体を運ぶ

軸足をボールの後ろに置くことができれば、身体の前に思い切るラケットを振れる「ストライクゾーン」ができるはずです。大きく動いてもこのゾーンを確保できるようになりましょう

NG ストライクゾーンを外すと

ストライクゾーンを外すと、打点が遠くなったり、詰まったりして力強いスイングができません。注意しましょう

スイッチ① スプリットステップ

相手のボールを待つときは、すぐに動き出せるアイドリング状態を作っておくことが大切です。そのための基本フットワークが、前ページの②と③のスプリットステップです。このステップを踏んでいればリラックスできて動き出しが早くなります。

スイッチ② 軸足を作る

ボールと身体の距離感を調整するのが「軸足」です。思い切りスイング

⑤ 軸足をグッと曲げる

結依香ちゃんを見ているとちょっとパワー不足。タメ足をしっかり作るように指導します

軸足でグッと
地面を
踏んで！

⑥ タメ足を意識する練習法

それじゃ、
タメ足になっ
てない
✕NG

そう！
そのタメ足
〇OK

左足を椅子等に乗せたままの球出し練習で、タメ足を意識させることができます。椅子を使うのが面倒だったら片足立ち（軸足一本）で打つ練習でもOKです

できるスペースを作るために軸足は重要です。「ボールの後ろに身体を運ぶ」という用語がありますが、これも軸足作りのことです。右上の写真を参考に、ストライクゾーンに身体を運ぶようにしましょう。

スイッチ③ タメ足を作る

打つボールにパワーを与える足の使い方をグローバルでは「タメ足」と呼んでいます。具体的には、⑤、⑥のように、ボールの後ろに置いた軸足をグッと沈み込ませる動きです。足で地面を強く蹴ってスイングするとパワーが生まれます。

コーチが見るポイント　ボールを見ているか①

ボールの見方を教えましょう

難易度
★
適正人数
1～8人

① ボールがあるのはどこ？

目が合ってから出すよ！

「ボールを見て」というと本当にボールだけしか見ない子どもがいます。大切なのは、ボールがある手元をみることです。球出しするときは生徒がボールのある手元を見たタイミングで出すようにしましょう

② ボールはどう弾んでくるかな

ボールは
ここに弾んで近づいてくるよ

初期の段階で多く見られるミスはボールに突進してしまう例です。ボールだけを見ているとこのミスが出ます。ボールは弾んで自分のほうに近づいてきます。ボールとの距離を保つことを教えましょう

アドバイスポイント①

ボールは「観る」もの

指導者なら「ボールをよく見なさい！」というアドバイスをしたことがあると思います。たしかに、ボールを見ることは大切です。しかし、「ボールを見なさい」というアドバイスは正しくありません。ボールは「観る」ものだからです。

正しいボールの見方（観察法）は早い段階から教え込みます。うまく「観る」ことができれば、当たり損ねや空振りが確実に減っていきます。

③ それじゃ、今度は目隠し！

ボールを見るのが遅れると打ち損ないが出ることを目隠しで実感させます。こうすることで、「よーくボールを見なくては！」と思うようになります

④ 弾んだ、当たった

観ることと打つリズムを一体化させるために、球出しの練習を行うときはかならず「弾んだ」「当たった」「飛んで行った」の声をかけましょう

アドバイスポイント②

正しいボールの見方

ボールを見るのは「ボールがラケットに当たる物語」を作る作業と言えます。正しく「観る」ことができれば、ボールの軌道を予測できるので絶対に空振りは起こりません。では、どうすれば正しくボールを観ることができるのか、上の①～④で紹介していきます。

コーチが見るポイント　ボールを見ているか②

ボールを打つストーリーをイメージしましょう

難易度
★
適正人数
1～8人

ボールを打つまでをシュミレーション

打った
場所は？

POINT
コーチがボールを持って自ら動いて説明する

①相手がボールを打った
相手がどんな状態でボールを打ったか観察

これは
フォアで

②ボールが飛んできた
ボールのコースを観察してネットを越える前にフォアかバックかを判断

ネットを
越えるよ

③ボールがネットを越えてきた
ネットを越える高さやスピード、回転を観察

アドバイスポイント①

観て準備を早くする

「はじめ」から「おわり」までボールの動きをきちんと観察できるようになったら、次の段階は、観て、得た情報をアクションにつなぐことが大切です。相手が打ったボールに対して「どう対応するか」を素早く考えるのです。

相手が打ったボールをフォアで返すのか、バックで返すのか、相手が打ったボールの球種は、スピードは、どんな弾み方をするのか……といったことを瞬時に読んで、自分の

④バウンドする
どんな弾み方をするか予測する。このタイミングでは打つコースの選択も終っている

⑤弾んだ
ボールの弾み方は予測通りか「弾んだ！」で確認

⑥当たった
打つときにはもう何も考えない。ワンピースのスイングで振り切る

ショットに反映させます。これをスピーディに正確に行えるのが強い選手と言うことができます。

アドバイスポイント②
ストーリーを描こう

大切なのは「ボールにラケットが当たる最高の物語」を描くことです。ボールを観る能力を高めることでストーリー作りが容易になります。ストーリーができている選手は当然準備が早くなります。つまり、うまく観れたら、早い準備ができるのです。

ボールを待っているときは、どう対応するか、素早く判断することが大事だよ！

コーチが見るポイント　球出しのテクニック①

手出しの方法を考えましょう

難易度
★★
適正人数
1～8人

① 近い距離でボールを落とす

ストロークの基礎を固めるときに有効なのがこの手出しです。生徒との距離が近く、一球、一球打ったボールを見ることができるので、適切なアドバイスを与えることができます

アドバイスポイント
生徒のレベルに合わせる

球出しは、指導者にとって必要不可欠のテクニックと言えます。球を出す場所、方法ひとつで選手のレベルアップ効果に違いが出てくるからです。

球出しには、大きく分けて「手出し」と「ラケット出し」の2種類があります。基礎を固めたい選手や少人数のレッスンでよく使うのが手出しです。手出しは、選手との距離が近いので、一球、一球、声掛けしながら行うことができます。

② ボールの高さを変えて出す

普通の高さ
SRIXON

高いボール
SRIXON

低いボール
SRIXO

グローバルでは、いろんなボールへの対応を身につけてほしいので、普通の打点、高い打点、低い打点の３つの打ち分けをかならず行います。ここで一工夫入れてほしいのが低い打点。出し手もしゃがんで低い場所から出すようにしましょう

③ 立ち位置を変えてボールを出す

身体に近づく
ボール

身体から
離れるボール

通常、手出しは生徒の前に立ってボールを出しますが、出し手の立ち位置を変えるだけで、いろいろな状況を演出することができます。写真はフォアハンドを打つ生徒に斜めから出した例。こうするだけで性格が違う２種類のボールを出すことができます。いろんな状況をアレンジしましょう

④ レベルに応じて追い込む

まだまだ
いける！

レベルが高い選手の練習も手出しで行うことができます。選手の息づかいやフットワークの乱れを見ながら限界まで追い込みます

このページと次ページでは、グローバルで日常的に行っている球出しの方法を紹介しています。ぜひ参考にしてください。

ラケット出しの方法を工夫しましょう

①出す位置をつねに考える

距離をとってラケットで出すときは、練習内容のレベルを考えて、つねに「どこから出すのがベストか？」ということを考えましょう。ネット前からなのか、ベースラインからなのか、出す位置で練習効果は違ってくるので注意しましょう

アドバイスポイント
練習の内容に合わせる

生徒のレベルが高かったり、多人数のレッスンで、球数を打たせたいときは、ラケットで球出しするのが普通です。ラケットで出すと、ボールに回転をかけて出すこともできて、手出しよりも実戦的な練習を行うことができます。いずれにしても、球出しで重要なのは、生徒の人数やレベル、内容を考えて、臨機応変に「手出し」、「ラケット出し」を使い分けることです。

❷ 軽い順回転をかけた均質のボールを出す

近くに出すなら短く持って

遠くに出すなら長く持って

同じボールを出す

ラケットを使った球出しで気をつけてほしいのは、つねに一定のボールを出すということです。近い距離ならラケットを短く、遠い距離ならラケットを長く持って、軽い順回転がかかった均質のボールを送るのが、出し手の基本テクニックです

❸ 練習効果が上がるボールを出す

トップスピンをかけて出す

練習の内容によっては、ボールの回転を変えて出す必要もあります。順回転（トップスピン）と逆回転（スライス）をかけても一定のボールを出せるよっにしましょう

スライスをかけて出す

続
Global
GLOBAL
SRIXON

第2章

いろんなボールを打てるようにしよう!

ベースとなるワンピースのスイングで打ちたいのは、自然な順回転がかかったナチュラルドライブのボールです。しかし、実戦では、もっといろいろなボールを打つ必要があります。幹となるストローク作りと同時に、ストロークの別テクニックとして、トップスピンとスライスの基礎も学んでいきましょう。特にスライスは、ボレーにもつながる大切な技術なので、グローバルでは早い段階から導入するようにしています。

テクニック　トップスピン①

スイングの違いを教えましょう

① ベースとなるスイングは？

第１章で学んだのは、自然な順回転（ナチュラルドライブ）がかかるワンピースのスイングでした。これは斜めに傾けたネット上でスイングしているような感じです

アドバイスポイント
トップスピンの特徴

ナチュラルドライブよりも意識的に順回転を強くかけるのが、「トップスピン」です。打ったボールは回転によって高く弾みます。トッププロで言えば、ラファエル・ナダルが打つボールをイメージするとわかりやすいでしょう。

子どもたちに、将来打ってほしいのは、強い縦回転がかかって弾むトップスピンです。回転の強さがあれば攻撃にも守備にも使うことができるからです。

難易度
★

適正人数
１～８人

② トップスピンのスイングは？

ここから

まっすぐ振ったらネットに当たるから

上に振り抜く！

下から上の縦のスイングでボールに強く順回転をかけるのがトップスピンのスイングです。①とはまったくスイング軌道が異なります。身体の前にネットを立てて、どんなスイングをすればこのネットを越してボールが打てるか考えさせます

レッスンポイント

トップスピンの導入法

トップスピンを打つときのスイングを覚えさせる方法はさまざまあると思いますが、もっとも手っ取り早いのは、目の前に壁を作ることです。こうすれば今までのスイングでは打てません。子どもたちは自然に「どうすれば打てるか」を考えます。

自分で考えて解決策を探るというアプローチは、どんなショットを学ぶときも大切です。こうした経験により将来自分で考えてプレーができる選手に育つのです。

グローバルでは、トップスピンのスイングを覚える第一歩として①、②のようなネットを使っていますが、バックネットでも自宅の壁でもOK。その前に立たせて「どうすれば？」を考えさせましょう。

テクニック　トップスピン②

トップスピンのスイングを教えましょう

❶ラケットダウン

いつも打っているストロークより、テイクバックでラケットダウンして、下からラケットが出るように指導します

いつもはここだけどここまで下げて

❷後傾姿勢

身体の前にあるネットを越してボールを打つとき、前足を踏み込んだらラケットがネットに当たってしまいます。身体を後傾させて後ろ足に重心を残せばラケットを振ってもネットに当たりません

✕ NG　前足を踏み込む

これだとネットに当たる

○ OK　後傾姿勢

こうすれば当たらない

レッスンポイント

3つのポイントを教える

縦回転をかけたトップスピンのスイングを導入するときは、まず、①のラケットダウン、②の後傾姿勢、③のフィニッシュの位置の3つのポイントを教えます。

もちろん、他にも教えるポイントはありますが、新しいショットを指導するときに一度にたくさんのことを詰め込むのはNG。子どもが混乱してしまいます。この3つで十分です。

③ フィニッシュの位置

下から上のスイングをした後のフィニッシュ位置はグリップが左の肩のほうにくるように指導します

④ 練習法

低いボールの球出しで下から上のスイングでトップスピンをかけるコツを身体に覚えさせましょう！

球出しで３つのポイントを意識したスイングができているかチェックしましょう

ここも注意
グリップのことは言わない

このときに肝心なことは、グリップの修正を行わないことです。一般的に、トップスピンを打つときは、「グリップを厚くして」といった指導が成されることがありますが、それに囚われてしまうと、せっかくマスターしたワンピースのスイングがなし崩しになってしまいます。

実際、選手は、球種を打ち分けるときには無意識にグリップを調整していますが、それに気づいていないケースがほとんど。「このボールを打つときにはこうしなきゃ！」と頭で考えるのはナンセンスです。だからグリップのことはあえて指導しません。

テクニック　トップスピン③
バックハンドのスイングを教えましょう

難易度
★★
適正人数
1～8人

①OK　垂直の面を縦に振り抜く

ボールをとらえたら上に振り抜く

両手打ちバックでトップスピンをかけるときは、垂直の面で当てて、上に鋭く振り抜くというイメージが必要です

②NG　伏せた面

ボールに順回転を与えようとして、伏せた面で打ってしまう選手がいますが、これでは、いいトップスピンがかかりません。OKスイングのように修正していきましょう

インパクトで面を伏せるのはNG

アドバイスポイント
武器にしよう

トッププロに聞くと、両手打ちバックハンドでは「右手4、左手6くらいの力配分で打っている」というのが一般的です。ラケットを支える右手よりも、スイングをリードする左手の役割が大きいということです。両手打ちバックハンド＝左利きのフォアハンド、ととらえれば、導入法は、前ページで紹介したものの裏返しになります。

　また、両手打ちバックハンドのほうが、ボールにパワーを与えやすく、

③ この練習法を導入しよう！

両手打ちバックハンドの導入では、身体に近いボールを意図的に出す練習が効果的です。こうすれば確実に下から上に振り上げるスイングになります。

踏み込めなければ打てない、伏せ面で打ってしまう、などの症状がある生徒にはうってつけの練習なのでぜひ取り入れてください

出し手のポジションはここ

身体に近いボールを

縦のスイングで打たせる

ラケット操作もシンプルに行えるので、子どもの場合、「フォアよりバックが得意」という選手も少なくありません。とくに女子選手なら、両手打ちのバックは武器にしたいところです。

レッスンポイント
面は伏せない

両手打ちバックの場合も、①のように身体の前にネットを立てて基本スイングを指導しますが、このときに注意してほしいのは、インパクトの面です。基本は、垂直の面で当てて、上に振り抜くスイングですが、中には、②のように面を伏せて当てるタイプの選手がいます。これでは、高く弾むトップスピンは打てないので、早い段階で修正していきましょう。

テクニック　スライス①
グリップを教えましょう

① 握り方は

スライスを打つときの握りはコンチネンタルグリップが基本です。まずは、どうやって握ればいいのかグリップを指導しましょう

左手でラケットを持って右手の手のひらをフレームに合わせて

そのままグリップまで手を滑らせる。これがボレー用のグリップです

ちゃんと持てているかどうかかならずチェックしましょう

アドバイスポイント
スライスの特徴

ボールに逆回転（バックスピン）をかけるテクニックが「スライス」です。打ったボールは回転によって低く滑ります。トッププロで言えば、ロジャー・フェデラーが打つ低く滑るボールをイメージするとわかりやすいでしょう。

グローバルでは、将来はオールラウンドでプレイできる選手を育てたいので、スライスも早い段階から教えるようにしています。「トップスピンを教えたから、次はスライス」

難易度
★★
適正人数
1 ～ 8 人

② ここもチェック

コンチネンタルグリップで握ったときの人差し指をかならずチェックしましょう。グッと握り込んでいるのはNG。人差し指が少し離れていればOKです

SRIXON
ここに力が入っているとラケットの操作性が悪くなります
× NG

SRIXON
小指と薬指でしっかりと握り、人差し指には力が入っていないのが正しい握り方です
○ OK

③ 面の上でボールを弾ませてみよう！

コンチネンタルグリップのまま、手のひらを上に向けてラケット面を左右に動かしてボールを弾ませてみましょう。これがフォアハンドスライスを打つときの面使い。次は、手の甲を上に向けて同じようにボールを弾ませましょう。これはバックハンドスライスを打つときの面使いです

手のひらを上に向けてラケットを小指方向に動かす

手の甲を上に向けてラケットを小指方向に動かす

ではなく、同時進行という感じです。

レッスンポイント
コンチネンタルグリップ

とは言っても、スライスは、一気に振り抜くワンピースのスイングとはまったく別のテクニック。スライスを教えるときは、特別なアプローチが必要です。

まずは、①、②のように、スライスを打つときに使う「薄いグリップ（コンチネンタルグリップ）」を指導します。きちんと握れているかどうかは、③をやらせてみるとすぐにわかります。このグリップは、ボレー、サーブでも必要不可欠の握りです。いい加減な握り方にならないように、しっかりと教えることが大切です。

テクニック　スライス②

スイングの違いを教えましょう

難易度
★
適正人数
1～8人

① スイングは上から下

スライスのスイングは、肩の上から、腰の下まで、上から下に振り下ろすイメージを持ちましょう

ボールを2つにするイメージ

スイングで大切なのはインパクトまで。インパクトからフォロースルーは惰性と思ってください。ボールをまっ二つにするくらい鋭く振り下ろすことが重要です

レッスンポイント①

スライスのスイング

スライスを打つときのスイングは、①のような「上から下」のイメージです。まん中のボールがあるところがインパクトと思ってください。ストロークを打つときの下から上のスイングイメージとはまったく逆になります。上から下のスイングの中で面の角度を調整してボールをとらえることでさまざまなボールを打つことができます。

また、インパクトでは②のように、ボールをまっ二つにするイメージで

② さあ、やってみよう！

フォアハンド
スライスのスイング
スライス
なんて
簡単だよ！

バックハンド
スライスのスイング
力は
いらないわ！

スライスはちょっとしたコツを掴むと小さな子どもでも簡単に打てるショットです。忠邦くんのフォアハンドスライスも温花ちゃんのバックハンドスライスも、上向きの面を使った上から下のスイングでうまく打てています。このように力ではなくスイングで飛ばせるように指導していきましょう

ボールをとらえるように指導しています。このイメージがあるとラケットを鋭く振り下ろせるからです。

レッスンポイント②
上向きの面でボールを捉える

正しいコンチネンタルグリップでラケットを握って、自然にテイクバックすると、面はオープンになります。このオープンの面と、上から下のスイングでボールを飛ばすのがスライスです。

右ページで「ボールをまっ二つにするイメージ」と言いましたが、実際は、ボールの後ろに上向きの面が入ります。鋭いスイングとこの角度がうまくマッチングすると、バウンドしてからピュッと滑るようなスライスが打てます。

テクニック　スライス③

悪いスイングはすぐに直しましょう

難易度
★
適正人数
1～8人

①野球スイングはNG

りとむくんのようなスイングだと打つボールはホームランばかりなので、上から下のハーフスイングを導入して修正しましょう

上向き面＋横振りスイング＝ホームランです

②ハーフスイングを導入

ここからここまでのスイングで打ってみよう！

レッスンポイント①
切りすぎを修正

小さな子どもにスライスを教えると、たいてい①のりとむくんのように、野球のような横振りスイングになります。面が上向きになっているので、結果はホームランばかり。下から上のスイングでのホームランは大歓迎ですが、上から下のスイングでのホームランは困りものです。

このような打ち方になっている子どもに対しては、②のように、高く構えたテイクバックから、インパクトまでの半分のスイングでボールを

③ このスイングはNG

両手打ちバックハンドに慣れた生徒が片手でスライスを打つときによく見受けられるのが、結依香ちゃんのように低い位置のテイクバックからのスイングです。これでは力強いスイングにならないので早めに修正しましょう

後ろから前に振る非力なスイング

④ 肩の位置よりも高く構える

結依香ちゃんのようなスイングになっている生徒には、ラケットを肩の位置より高く用意するようにアドバイスしましょう。テイクバックのポジションを変えるだけで、劇的な変化が見られるはずです

フィニッシュの位置はここ

上から振り出す

テイクバックではここに用意して

打たせてください。それだけの上から下のスイングでも十分ボールが飛ぶことを実感させましょう。

レッスンポイント②

テイクバックの位置を修正

両手打ちバックハンドに慣れた子どもに、片手で打つスライスを教えると、③の結依香ちゃんのようなスライスになりがちです。テイクバックしたときのラケット位置が低いので、鋭くラケットを振り下ろすことができないのです。こういう傾向があるときには、④のように、構えたときのラケット位置を高いところに持ってくるようにアドバイスしましょう。インパクトのときにはグリップを強く握りこまないよう、くれぐれも注意しましょう。

テクニック　スライス④

いろんなショットが打てるようにしましょう

難易度
★★★★
適正人数
特になし

アドバイスポイント①

一本のラケットをドライバーにもサンドウェッジにも使う

スライスはいったん覚えるといろんなショットに応用できます。私はよくゴルフに例えて「ドライバー（鋭く飛ばす）にもサンドウェッジ（柔らかく落とす）にも使えるようにしよう」と言っていますが、理想とするのは、鋭く、深くベースラインに打つボールやネット際にフワリと落とすボールを打ち分けられるようになることです。この打ち分けができれば、守備的と思われているスライ

いろんなショットを打てるようになろう！

スライスのテクニックが身につけば、同じ構えからいろんなショットが打てるようになります。こうした打ち分けができれば、試合での戦術幅が広がります

❶ 飛ばすスライス

フラット系でバックスピンの要素が少ない打ち方。ボールを深く飛ばすことができます

❷ 普通のスライス

上から下のスタンダードなスイングでの打ち方。ボールはバウンドしてから滑ります

❸ バックスピンが強いスライス

ボールのお尻を触るように意図的にバックスピンを強くかけた打ち方。ボールはバウンドして戻るように弾みます

スを攻撃にも使うことができます。

アドバイスポイント②

スライスは難しくない

大人の場合、新しいテクニックを覚えるときは、「なぜそうするのか」という理屈から入ったほうが早いかもしれませんが、頭が柔らかくて、練習頻度も高い子どもの場合は、理屈から入らなくてもOK。子どもは見て覚えるのが上手です。

グローバルの場合だと、一緒に練習する3兄弟のスライスを直接目にすることができます。ボールに当たったときの音や、打ったボールが滑ったり、戻ったりする光景を見ると、子どもたちは「あんなショットが打ちたい」と思います。

そうした生の体験が、子どもの上達にとても役立っています。

ストレートに打つ練習を重視しましょう

①練習ではターゲットを設定する

コースの打ち分け練習はかならずターゲットを設定して行ないましょう

アドバイスポイント①
練習はシンプル

ここでモデルになっている子どもたちは、初心者ではないので、「クロスに打つときは打点を前に」、「ストレートに打つときはボールを引きつけて」といった教え方はしていません。コースの打ち分けに関しては、ターゲットを設定して、ひたすらそこを狙って打たせる練習法が中心です。ボールをたくさん打って、試行錯誤しながら、身体で覚えていきましょう。

③ ストレート、クロスの4本打ち

1球目はアドサイドでストレートに、2球目はステップターンして逆クロスに、3球目はデュースサイドでストレート、4球目はクロスへ打つパターン

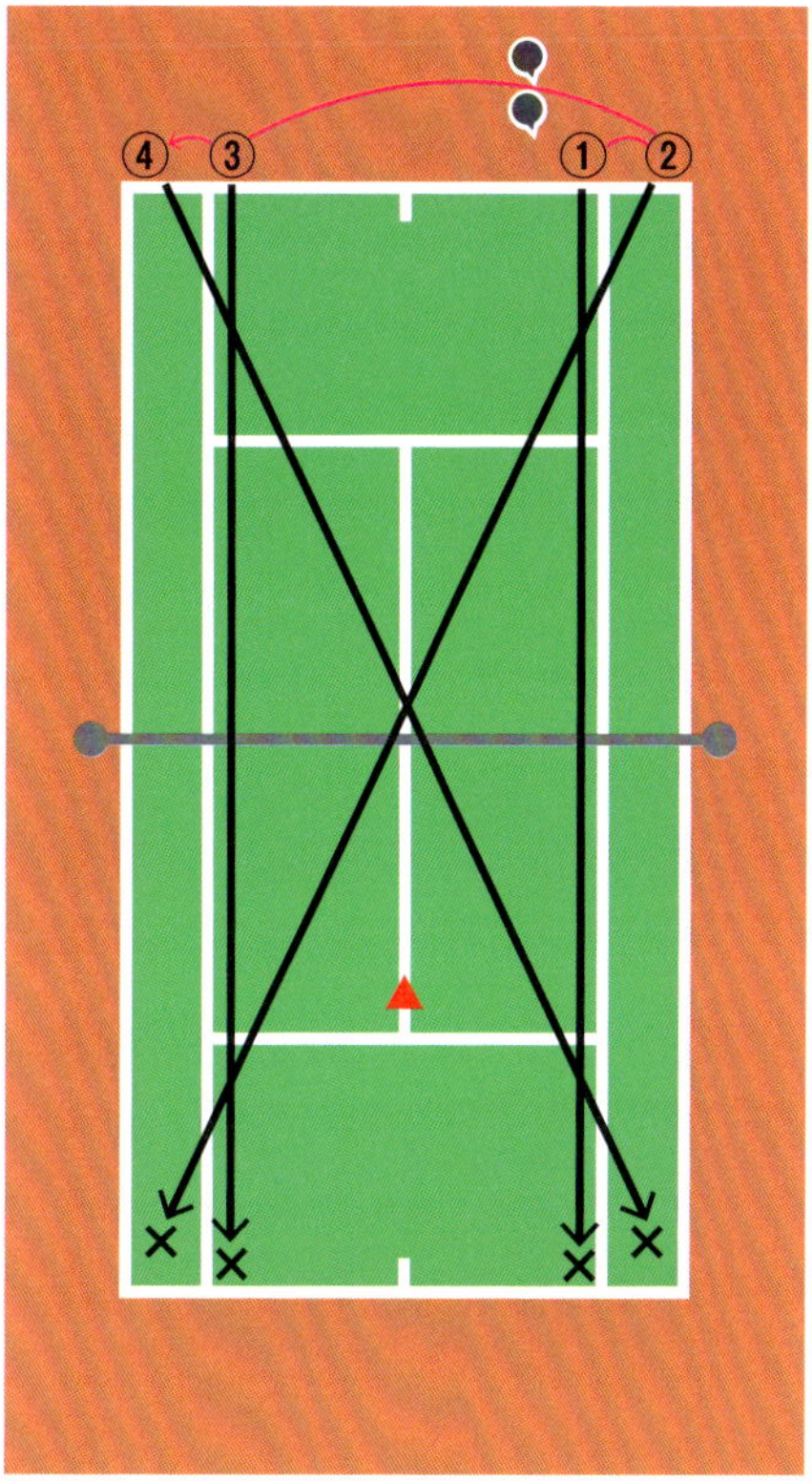

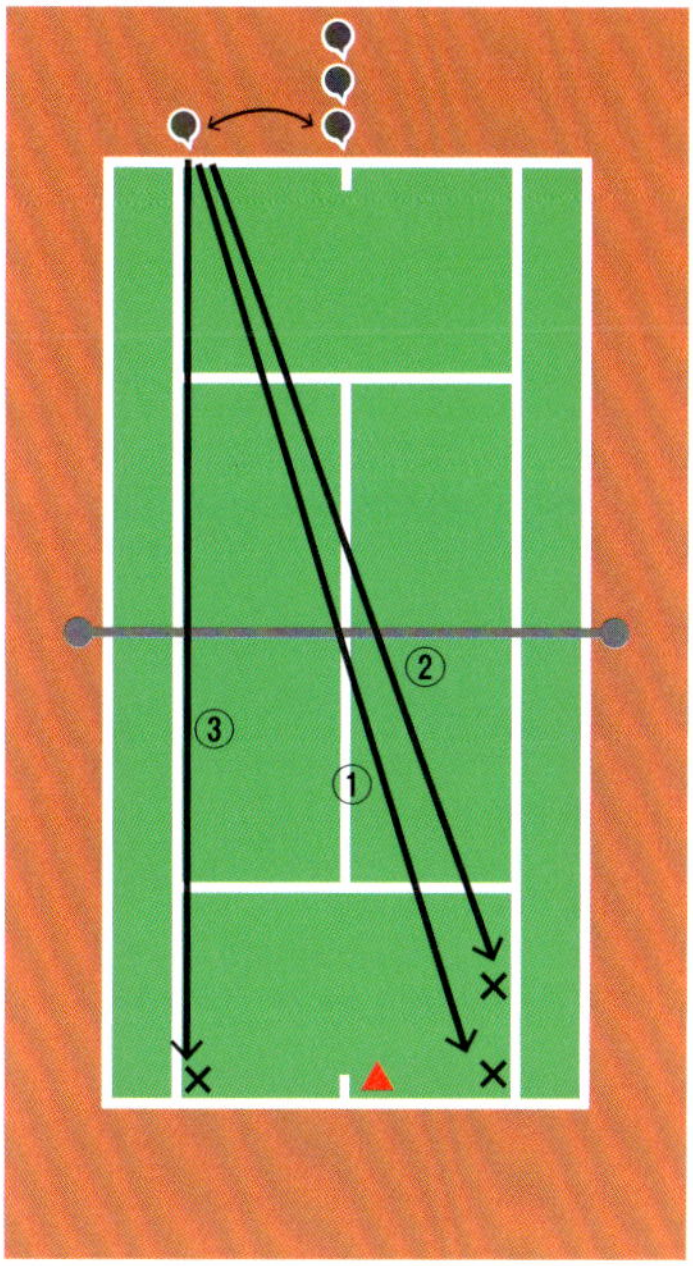

② クロス→クロス→ストレートの3本打ち

クロスコートの2カ所にターゲットを置いて、そこに2本打ってから、3本目の球出しをストレートに展開するという練習。これは部活でもプロの練習でも一般的に行われているものです

アドバイスポイント②
ストレートが大事

コースの打ち分けは、大きく分類すると、「ストレートからのボールをクロス」と、「クロスからのボールをストレート」の2つ。グローバルで時間をかけているのは③のように、ストレートとクロスを交互に打つドリルです。

また、選手たちがよく行う練習に、②「クロス、クロスからストレートに展開する3本打ち」がありますが、経験的に、子どもたちは、最後の決め球となるストレートの精度がいまひとつ。せっかくクロスのボールで相手を追い込んでも最後のウィナーが取れないのです。テニスではこのショットが大事です。それを磨くために時間を割いているのが、③の4本打ちの練習です。

テクニック　コースの打ち分け②

回り込んでストレートに打てるようにしましょう

難易度 ★★★

適正人数 1～8人

2本目　　まっすぐに打とう

アドバイスポイント

4本打ちの意図

4本打ちでは、生徒をまん中に立たせて、フォア2本、バック2本の順でストレートに打たせます。また、フォアとバックを交互に出して、計4球ストレートに打たせるというパターンもあります。生徒のレベルや人数によってうまく使い分けてください。

前ページで紹介したオールフォアの4本打ちは、特殊な練習法かもしれませんが、将来を見据えたときに絶対必要になるショットを含んでい

❶ 回り込みフォアの練習法

練習は手出しで行います。1本目のボールをコーンの左側で打ったらコーンを後ろ回りにポジション移動。生徒の回り込むタイミングを見計りながら2本目のボールを出してストレートに打たせます

1本目

打ったら

コーンの後ろを回って

❷ どんなレベルでも大切

この回り込みフォア練習はレベルが上がってもかならず行うようにしましょう。レベルが高い選手の場合は、20球（10往復）ほどでチェンジします。とくに女子選手の場合、左サイドにボールが来ると両手打ちバックハンドに頼りがちになるので、回り込みの練習はかならず行うようにしましょう

るので、ぜひ練習に取り入れてください。

レッスンポイント
回り込みのストレートが大事

93ページの4本打ち練習で、特に大切になるのが2球目に打つ「回り込みのフォアハンド」です。これはフットワークを含めた身体の捌き方を練習していないとうまく打てないので、グローバルでは初期の段階から練習に取り入れています。

回り込みフォアの導入的な練習法は、写真のようにコーンを置いて、コーンの左側で打ったら、次のボールはコーンを回って、右側で打つというものです。小さなときから練習していれば7歳のりとむくんのようにうまく打てるようになります。

テクニック　球足の長いボール

深いボールを打つ練習をしましょう

難易度
★★★★★
適正人数
2～8人

アドバイスポイント①

深いボールは大切

左右のコースの打ち分けとともに、ボールの深さも大切な要素です。コースはよくても球足が短いボールは逆襲されてしまいます。ボールを深く打つテクニックは特に重要で、トップスピンのストロークが必要不可欠です。トップスピンを導入するタイミングと同時に、深くに打つ練習も取り入れていきましょう。

❶ ターゲットを設定する

シングルスコートのコーナーにターゲットスペースを設定します。このとき、選手のレベルによって大きさを大小させます

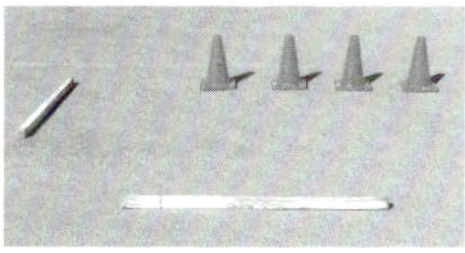

一般的なターゲットスペース

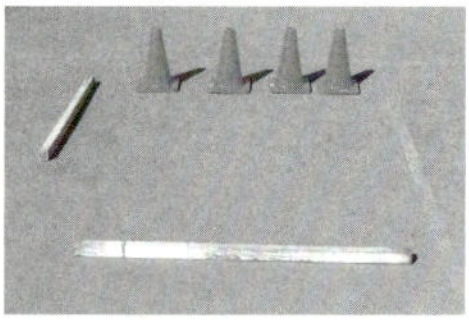

レベルが高いクラスのターゲットスペースは狭く

ラリーにしてもOK

レベルが高い選手同士だったら、球出し練習ではなくラリーにしてもOK。どっちが先に5本入るか、などの競争にすると練習に真剣味が出ます

❷ 障害物を置いて練習

le coq sportif
SRIXON

ネット前に障害物を置くと、ボールの弾道を意識しやすくなります。障害物上のどのくらいの高さを飛んだらちょうどベースラインにいくのか確認しながら練習しましょう

ネットの前に障害物を置く。ネット上に紐を張って練習しているところもあります

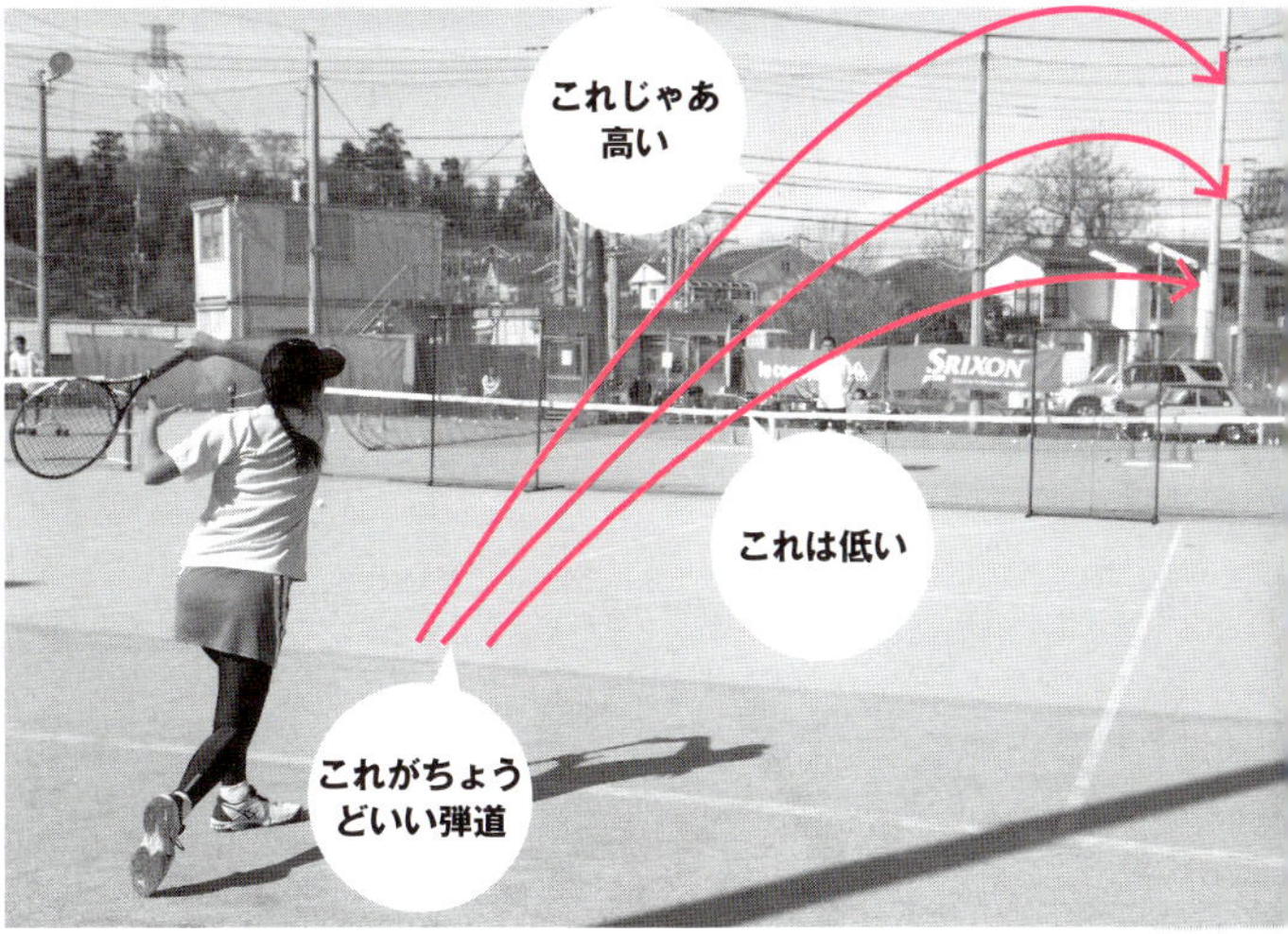
これじゃあ高い
これは低い
これがちょうどいい弾道
SRIXON

レッスンポイント①
スペースの設定

ボールを深くに打つ練習では「どこに打つか？」ということが大切なので、かならずターゲットスペースを設けましょう。また、このときは選手のレベルによって、スペースの大きさを変えるほうが良いでしょう。陽介など、トッププロが行うときは、シングルスティック2本分のターゲットになります。

レッスンポイント②
ネット上の弾道設定

ボールを深くに打つときに大切なのは、「ネット上のどこを通ったらそのスペースに入るか」という考え方。イメージしてほしいのは深いボールを打つときの「弾道」です。この意識を高めるためには、②のようにネット前に障害物を置く練習が効果的です。理想とするのはベースラインいっぱいの深いボール。トップスピンをかけて打ったときにどのくらい上を越えたらベースラインに落ちるのかを、イメージしましょう。

Global
Pro Tennis Academy
GLOBAL

第3章

ボレーの基本を学ぼう

ここではボレーの導入法を紹介しています。ストロークとボレーは基本的に別のテクニックですが、将来的には、ストロークからボレーにつなぐオールラウンドのテニスを目指したいものです。グローバルでは、「ストロークが打てるようになったら次はボレー」というアプローチはとっていません。ストロークと平行して、段階的な練習法でボレーの技術も学び、戦術的なプレイができるようにしましょう。

ボレーの導入法を考えましょう

① おもちゃのダーツを投げるときの動きにボレーのヒントがあります

先に吸盤がついたダーツを投げるときの腕の使い方を指導します

レッスンポイント①
できるだけシンプルに

ボールを飛ばすストロークは、テイクバックでパワーを溜めて、フォロースルーでパワーを解放する「ワンピースのスイング」が重要でした。一方で相手との距離が近いボレーでは、ボールを飛ばすというイメージは必要ありません。つまり、ワンピースのスイングも必要ないということです。

ボレーで身につけてほしいのは、できるだけシンプルな「ゼロからプラスのスイング」です。どういうス

❷ もっと練習してみよう

「投げてごらん」と言うとNG写真のように、腕を大きく振ってしまいます。腕を引いた位置が「マイナスポジション」。投げ終わった腕の位置が「プラスポジション」です。いっぽう、「当ててごらん」と言うとOK写真のように、顔の前で構えたままの「ゼロ」ポジションから、腕をまっすぐに突き出した「プラスポジション」に持っていきます。このときのイメージをボレーの指導に流用します

✕ NGマイナスからプラスの腕の振り

SRIXON
うわ～
その投げ方は
怖いな～

SRIXON
ほら、顔に飛
んできた

○ OKゼロからプラスの腕の振り

そこから
しっかり
狙って

そっと投げれ
ば、ほら大当
たり！

イングなのか説明していきます。

レッスンポイント②

ゼロからプラスに

①、②で7歳の尊琉くんが手にしているのは、おもちゃのダーツです。先についた吸盤をボードに接着させるとき、どうするか考えてみましょう。

このときは、NG写真のように大きく腕を引いて思い切りは投げないはずです。これは「マイナスからプラスの腕の振り」です。

正確に投げようとすれば、OK写真のように腕を引かずにそっと投げるはずです。これがボレーにつながる「ゼロからプラスの腕の振り」なのです。

ボレーテクニック　フォアハンドボレー②

手のひらで「パン！」から始めましょう

難易度
★

適正人数
1～8人

❶ 手のひらで「パン！」

ゼロポジション（顔の横）に手のひらを用意して、プラスポジション（ネット方向）でボールをヒットしてみましょう

OK、できている！

温花ちゃんのようにできていれば OK です

アドバイスポイント

段階的指導法

新しいテクニックを導入するときに、段階を経ながら教えていくのが「段階的指導法」です。グローバルでは、ボレーとサーブに関しては、この指導法を取り入れています。

テニスのスイングというものは、どのショットであっても「頭で考えるものではない」というのが私の持論です。しかし、うまく打てる形が決まっているボレーやサーブなら段階的に教えていく方法もありだと思います。なぜなら「式が間違ってい

❷ ネックを持って「パン」

①がうまくできるようになったら、次はラケットのネックを持って行ないましょう

次はラケットを短く持って、ボールをパンと弾きます。ストロークでは「弾んだ」「当たった」の声を出しましたが、ボレーのときは、「当たった」だけでOKです

おお、良い感じ！

ボレーが得意ではない結依香ちゃんもこの段階までは完璧にできています

ては答えが出ない」からです。

レッスンポイント①
手のひらで「パン！」からスタート

まず最初は、①のように、手投げのボールを手のひらでパンと弾き返すところからスタートします。このときにはゼロポジション（顔の横）からプラスポジション（ネット方向）に手を出すように指導しましょう。

レッスンポイント②
ネックを持って

うまくできるようになったら、次は②のように、ラケットを短く持って、①と同じようにボールをパンと弾きます。ラケットを持つとマイナスポジション（顔より後ろ）まで引いてしまう子も出てくるので、注意しましょう。

ボレーテクニック　フォアハンドボレー③

フォアボレーの完成形を教えましょう

難易度
★★
適正人数
1～8人

③グリップの上を持って

うん、
大丈夫だな！

103ページの②がうまくできるようになったら、次のステップとしてグリップの上部を持って同じようにボールを弾いてみましょう

レディポジションから
右！
左でパン！

アドバイスポイント

グリップ

上の写真では紹介していませんが、ボレーを導入する段階で「コンチネンタルグリップ」をしっかりと教えましょう。また、同時に、このグリップは「スライスでも使うし、サーブでも使う重要な握り」ということを伝えます。コンチネンタルグリップの握り方は、スライスを紹介した84～85ページや、サーブを紹介している126～127ページを参考にしてください。

POINT　ラケットは顔の横

右足を踏み変えたときもラケットはゼロポジション（顔の横）にあることをしっかり教えます

④ フォアボレーのステップを導入

最後はラケットを普通に握らせて同様の練習を行いますが、このときに構えたところから「右足を踏み変えて」→「左足を踏み込む」ボレーのフットワークを教えます

正面を向いた構えから

右足を横に踏み変えて

ボールをヒットするときに左足を踏み込む

レッスンポイント③
短くもって「パン!」からスタート

103ページ②から、③に進んでも構いませんが、より丁寧に指導するときは、グリップの上の部分を持たせ同様の「パン」を行いましょう。④のステップを入れた練習では、指導者は生徒がちゃんとボレーのグリップ（コンチネンタルグリップ）になっているかチェックしましょう。

レッスンポイント④
足を入れて

最終段階では、④のように、ラケットを長く持ってボレーを行います。このときには、正面向きから右足を横に踏み変えて、左足を踏み込むボレーのフットワークも教えます。

ボレーテクニック　フォアハンドボレー④
ボレーのタッチを考えましょう

難易度
★★
適正人数
1～8人

⑤当たったら小指を下に

写真は極端なデモンストレーションですが、このように当たったら小指を下に抜くことでボールにスライス回転がかかります。ただ当てるだけでは「ポコン」と弾むボレーになってしまいますが、スライス回転をうまくかけることで「ピュッ」と伸びるボールが打てます

アドバイスポイント
ボレーのタッチとは？

①～④の段階的練習法で、ボレーの基本を学ぶことができます。要領の良い子どもはフォームも出来上がっていると思います。しかし本当のボレー上手になるためには、ここからのプラスアルファが必要です。

そのプラスアルファが、ボレーの「タッチ」と呼ばれるものです。ここではグローバルで取り入れているタッチの出し方を一つだけ紹介しておきます。

完璧じゃないか！

ボレーの基本ができている温花ちゃんに⑤のデモンストレーションを見せてやってもらったところ簡単にクリア。完璧なボレーと言えます

右足を横に踏み変えたゼロポジションから

左足を踏み込みながらプラスポジションでヒット

小指を下に抜いたら

ボールが滑る完璧なボレーが打てました

レッスンポイント⑤

小指を下に抜く

①～④の段階的練習法でボレーの基本を学びましたが、そこではボールを正確に捉えることを第一にしているのでタッチのことには触れていません。④までを難なくクリアした生徒に教えているのが、⑤のように、ボールをヒットした後に「小指を下に抜くテクニック」です。こうすることでボールには軽いスライス回転がかかり、バウンドしたボールがピュッと伸びます。これは将来の武器となるショットと言えます。

「ボールの下にラケットを入れる」というアドバイスもありますが、そう言うと、本当にボールの下にラケットを入れる子どもも出てきます。うまく伝わる言葉探しをするのも大切な仕事です。

バックボレーの導入法を考えましょう

難易度
★
適正人数
1～8人

アドバイスポイント
なぜバックハンドボレーは難しい

ほとんどの子どもは、フォアハンドボレーよりバックハンドボレーのほうが苦手です。そのいちばんの原因は、子どもは「非力」で、ラケットをうまく扱えないということですが、大人でもバックハンドボレーが苦手な人はたくさんいます。その理由は、普段の生活でバックハンドボレーに流用できる動きをしていないからです。

手のひらを内側に持ってくる動きはフォアボレーに流用できます。

❶ 手の甲で弾く

ゼロポジションに手の甲を用意して、プラスポジションでボールを弾きます。思い切り行うと痛いので当てるだけでもOKです

◯ 良い例

それでOK！

結依香ちゃんのように足の踏み込みもできていれば完璧です

✕ 悪い例

こうなりがち

フォアボレーはやすやすとできた忠邦くんでしたが、バックボレーになると手の甲にうまく当てられないことが何度もあります。普段使わない動きだからです

いっぽう、バックボレーで使うのは手の甲を外に動かす動き。これは普段の生活であまり使いません。だからバックボレーが難しく感じるのです。グローバルでは、バックボレーの導入でも段階的な練習法を取り入れています。ステップバイステップ。頑張って練習していきましょう。

レッスンポイント①

手の甲に当てるところからスタート

教え方はフォアボレーの裏返しです。まず最初は、手投げのボールを手の甲に当てるところからスタートします。このときは①のように、正面向きではなく、少し身体を捻った体勢で行わせてください。また、バックボレーでもフォアボレーと同様に、ゼロポジション（顔の横）からプラスポジション（ネット方向）に手を出すように指導します。

ボレーテクニック　バックハンドボレー②

ラケットを短く持ってやってみましょう

難易度
★★
適正人数
1～8人

② ネックを持って

ここを持って
ヒット

ラケットのネックを持って、プラスポジションでボールを弾きます。ヒットするときは「当たった」と声を出すようにしてください

当たった！

③ 短く持って

今度はここを
持ってヒット

ラケットを短く持って、プラスポジションでボールを弾きます。ラケット面の後ろからボールを見るようなイメージを持つとうまくいきます

プラスの位置
でヒット！

レッスンポイント②

ラケットのネックを持って

前ページの①がうまくできるようになったら、次は②のように、ラケットのネックを持って、ラケット面にボールを当てます。このときも当てる場所はかならずプラスポジションになるよう指導しましょう。

レッスンポイント③

ラケットを短く持って

②の次のステップは、③のように、グリップの上部を持って行います。

ここでの注意点は、悪い例の写真の

④ 普通に持って

今度は普通に
ラケットを
持って

ラケットを普通に持ってボールを弾きます。このときは生徒が片手でボールを支えることができているかチェックします。もし、うまくいかないようだったら、両手でラケットを持つように指導しましょう

片手でも
セーフ

悪い例→手首は使わない

力がないとこの写真のように手首を使ってしまいます。打ち終わった後にラケット面が地面を向くのは NG です

これはダメ！

ように、手首を使ってラケット面が下を向いてしまうこと。手首の返しは絶対に使わないように指導しましょう。

レッスンポイント④ ラケットを長く持って

次は④のように、ラケットを普通に持って行います。非力な生徒の場合、片手ではうまくラケットを支えられないケースがあります。そうした生徒には両手でラケットを握らせて、打つ瞬間に離すようなアプローチでもＯＫです。

ボレーテクニック　バックハンドボレー③

バックボレーの完成形を教えましょう

難易度
★★

適正人数
1～8人

⑤バックボレーのフットワーク

バックボレーは、レディポジションから、「左足を踏み変えて」→「右足を踏み込む」のが基本のフットワークです。踏み替えのステップが不十分だと身体の横向きが作れないので注意しましょう

正面を向いた構えから

左足を横に踏み変えて

ボールをヒットするときに右足を踏み込む

レッスンポイント⑤
足を入れて

最終段階は、これまでのポイントに注意しながらフットワークを入れて行います。また、非力な生徒がいる場合は、⑤のように「両手でボレーしても構わない」と伝えます。

バックボレーは、レディポジションから、左足を横にステップして、右足を踏み込みながらヒットします。この左足の踏み替えがうまくいかない生徒が多いので、指導者はかならずチェックしましょう。

足の踏み替えをしっかり！

身体が正面を
向いた
ままだよ！

温花ちゃんは1ステップ目の踏み変えが不十分なので身体が正面を向いたままです。しっかり踏み変えて身体を捻った横向き姿勢を作りましょう。右足を踏み変えたときもラケットはゼロポジション（顔の横）にあることをしっかり教えます

⑥ 左手は後ろに

プラスポジションでヒットするとき左手を離す

このタイミングまで引きつけて

片手打ちでバックボレーするときは、左手を後ろに残したままボールをヒットします。どのタイミングで、どう離せば良いのか、しっかり指導しましょう

レッスンポイント⑥

左手を離す

最初の段階では両手でボレーを覚えた生徒も、成長とともに、「片手にしたい」とリクエストしてくる日がやってきます。その場合は、手取り足取りではありませんが、⑥のような指導で、手を離すタイミングやコツを教えてあげましょう。

身体から遠いボールや低いボールの処理は、やはり片手のほうがしやすいと思います。将来を見据えながら、片手でバックボレーできるように指導していきましょう。

ボレーテクニック　ボレーの練習法

スプリットステップを教えましょう

難易度
★★

適正人数
1～8人

❶ サービスラインからスタート

この練習では、サービスラインで一本ボレーして、そのまま前進してセカンドボレーを打たせています。一本だけで終るのではなく、2本、3本とつないで連続でボレーさせるような練習を取り入れましょう

❷ これがスプリットステップ

ファーストボレーからセカンドボレーにつなぐときはかならずスプリットステップを入れさせます。軽くジャンプした後の着地足は肩幅が基本です

アドバイスポイント

動きを入れて練習しよう

段階的練習法でボレーの基礎を学んだら、次は球出しで練習します。グローバルでこのときに重要視しているのは、動きを入れてボレーさせることです。①のように、1本で打ち終わらずに、2本、3本とつないでいく練習が効果的です。

また、③、④で紹介しているように、ファーストボレーからセカンドボレーにつないだり、ストロークアプローチからボレーにつないだり、実戦を想定しながらの練習を行うこ

③ スプリットステップを入れてボレー

忠邦くんのように、ファーストボレーをしたら、かならずスプリットステップを入れ、セカンドボレーにつなぐのが基本です

実戦では、結依香ちゃんのように、ストロークで相手を追い込んで、ボレーで仕留める、という形がよくあります。練習ではそうした実戦で現れるパターンをシュミレーションしておきましょう

④ ストロークしてからボレー

甘いボールを打ったらネットへ　スプリットステップを入れて　ボレーで仕留める

とも大切です。

レッスンポイント
スプリットステップ

ボレーポジションでの構えを作ったり、タイミングを取るのにとても大切なテクニックが「スプリットステップ」です。

このアクションを入れることによって、ファーストボレーからセカンドボレーへのつなぎが柔らかくなり、右、左どちらのボールにも素早く対応できます。②で紹介しているのがスプリットステップの基本です。しっかりと教えましょう。

スイングボレーを積極的に使いましょう

難易度
★

適正人数
1～8人

① スイングを中途半端にしない

一気に振り抜く

「ノーバウンドでストロークを打っても良いんだよ」とデモンストレーションします。このときはワンピースのスイングで一気に振り抜くように指導します

× スイングが小さい

× スイングが止まる

ノーバウンドのボールが来ると、「ボールに当てなくちゃ」という気持ちから、スイングが中途半端になる子どもが現れます。スイングが小さくなったり、スイングを止めるような子どもがいたら「ストロークのスイングで」と指導しましょう

アドバイスポイント

スイングボレー

ワンバウンドしたボールを打つのが「ストローク」、ノーバウンドのボールを打つのが「ボレー」ととらえがちですが、将来のことを考えて早い段階から練習に取り入れてほしいのが、ノーバウンドのボールをストロークのスイングで打つ「スイングボレー」です。

ストロークをうまく打てるようになった子どもたちには、「ワンバウンド＝ストローク」、「ノーバウンド＝ボレー」の固定観念が固まらない

② 球出しでスタート

最初の段階は、写真のようなポジションから、一球、一球、手出しでボールを投げてノーバウンドのボールを振り切って打たせます

③ 2球連続で

次のステップは、ネット越しの球出しで、後ろのポジション、ネット前のポジションと、2球連続で打たせます

1球目はサービスライン付近で

2球目はネットに近いポジションで

うちにスイングボレーを導入しましょう。

レッスンポイント

ワンピースのスイングで振り切る

スイングボレーは、「ボレー」という名称がついていますが、ストロークの一環です。①のように、一気に振り抜くイメージを持つことが大切です。スイングが中途半端になるのはNGです。スイングボレーを体感させるためには、まずは②のように、ノーバウンドのボールを振り切って打たせる練習を取り入れてください。難なく打てるようなら、次は③のように、打つポジションを移動しながらの、2球連続のスイングボレーにチャレンジさせます。

実戦を想定した練習にしましょう

難易度
★★★
適正人数
1～8人

① ベースラインからのストローク

①

②

1球目の球出しはベースラインに。しっかり打ったボールで相手を追い込んだ状況を想定します

アドバイスポイント①
試合で起こりそうなパターンを練習しよう

せっかく練習するんだったら、練習のための練習になっては意味がありません。練習は、つねに実戦を想定した中で行うようにしましょう。とくに、将来の武器となるスイングボレーの練習は「流れ」の中で行う工夫をすべきです。子どもたちの頭が柔らかいうちに、「このボールだったらノーバウンドで打とう」と意識付けすることが大切です。

② ミドルコートでスイングボレー

2球目の球出しはサービスライン付近に。1球目で追い込まれた相手が甘いボールを返してきた状況を想定してスイングボレーで返球します

③ ネットでボレー

3球目の球出しはネット前に。スイングボレーでさらに相手を追い込んだ状況を想定し、最後はボレーで仕留めます。

アドバイスポイント②

3つのショットをつなぐ

上の写真はグローバルでよく行っている3球連続ドリルです。①でストロークを打って、相手から甘い返球が来たら前に出て、②のスイングボレー、さらにネットに詰めて③のボレーで仕留めるというパターンです。3つのショットを同時に練習できるので、ぜひ取り入れてください。

また、ここでは紹介していませんが、女子選手だったら、スマッシュの代わりに頭の上で叩くフォアのスイングボレーや、両手打ちバックハンドで叩くスイングボレーの練習も早い段階から取り入れてほしいと思います。

Global
Pro Tennis Academy

第4章

サーブとスマッシュの基本を学ぼう

ここではサーブの導入法を紹介しています。サーブはオーバーヘッド系のショットで、ストロークとはまったく別のテクニックが必要です。グローバルでは、サーブの特性を踏まえながら段階的な指導法を用いて教えています。とは言っても、目指すのはストロークと同じような一筆書きのスイングです。また、サーブと同時に、オーバーヘッドで打つスマッシュの基礎も学んでいきましょう。

サーブテクニック　サーブのスイング①

サーブの7動作を確認しましょう

② 下がる

ラケットを下げてテイクバック開始

③ バンザイする

テイクバックとトスアップ

⑥ 左手が縮む

パワーを溜めてインパクト

⑦ 振り終わる

フォロースルー

アドバイスポイント
サーブは個性が出にくいショット

１０２ページのボレー項目で「式が違えば答えが違う」ということを言いましたが、サーブはまさに、「式」＝「基本」が大切なテクニックです。トッププロを見ても、打つまでは、いろんな個性がありますが、ボールを打つときのフォームやインパクトの形はほとんど同じ。そこに個性が現れないのがサーブのテクニックです。グローバルでは、コマ切れにならない、自然なスイング作りを目指していますが、それは主にストロー

サーブの7動作

これがサーブの7動作。サーブはこの7動作のパーツ、パーツをうまくつないでいくショットです

構えたところからスタート

❶ 上がる

ラケットをちょっと上げて始動

❹ 担ぐ

ラケットダウンしてテイクバック完了

❺ 振り出す

フォワードスイング

クです。サーブやボレーには、「こうしたほうが良い」という基本項目があります。つまり、「式」が大事だということです。

レッスンポイント

サーブの7動作

まずは生徒たちに伝えている「サーブの7動作」からレッスンに入っていくことにしましょう。動作を分解すると、7動作の動きになると思います。しかし、それを教えるときは数字ではなく言葉で説明するようにしています。数字で伝えると、ロボットのような動きになってしまうからです。

7動作とは、①上がる、②下がる、③バンザイする、④担ぐ、⑤振り出す、⑥左手が縮む、⑦振り終わる、という動きを示しています。

サーブテクニック　サーブのスイング❷

8の字スイングで振ってみましょう

難易度
★★
適正人数
特になし

レッスンポイント
ナチュラルなスイングになっているか？

子どもたちにサーブを指導するときは、７つの動作を細かく説明する必要はありません。ゆっくりとしたデモンストレーションをしながら、「上げて」→「下げて」→「バンザイして」→「担いで」→「振って」→「縮めて」→「はい、振り終わり」という言葉を付けてスイングさせます。グローバルでは慣れてきたら「ゆっさ、ゆっさ、ゆっさして……」なんて言っていますが、このほうが

8の字スイング

構えたところからスタートして振り終わったら最初の構えに戻る。それを何回でも繰り返すことができれば OK！

子どもたちには伝わりやすいくらいです。

レッスンポイント 8の字スイング

　サーブの素振りをさせると、形を作ろうとして力が入り、スイングがガタガタしたり、途中で動きが止まったりする子どもも現れます。そうした場合には、「サーブのスイングは後ろで描く円と前で描く円をくっつけたもの」と指導しながら、どこが原因で円を描けていないのかチェックしましょう。

　上の忠邦くんのように、8の字が横になったような素振りを連続してできれば、サーブのスイングはナチュラルなものになります。

ラケットの握り方を教えましょう

❶ フレームとラケット面に手のひらを用意

こうやって
左手を
グリップまで
持ってくる

写真のように左手でラケットを持って、右手の手のひらをフレームとラケット面に密着させます。そのまま、グリップまで手のひらを滑らせて握ります。これがもっとも簡単なコンチネンタルグリップの握り方です

❷ これはNG ギュッと握らない

ギュッは
ダメ！

グリップを硬く握り締めてしまうと、スイングが小さくなったり、ぎくしゃくするので要注意です

レッスンポイント
コンチネンタルグリップを指導

　サーブのグリップは薄く握る「コンチネンタルグリップ」が基本です。世界のトッププロは、みんなこのグリップでサーブを打っています。将来に選手を目指すのなら、コンチネンタルグリップは必須。どんな年齢からテニスを始めても、サーブを導入する段階で、しっかりと握り方を教えます。

　ここで紹介しているのが、コンチネンタルグリップの握り方と、握ったときのポイントです。指導者は、

③ これもNG 上2本の指で握らない

SRIXON
この2本には
力を入れない

グリップを握ったときに親指と人差し指に力が入っているのはNGです

④ OK 上の指2本を遊ばせる

SRIXON
ここをグリップに合わせて

慣れてきたらいちいち①のように握る必要はありません。写真のように、掌底をグリップエンドに合わせる方法でも正しく握ることができます

SRIXON
小指から
握り込む

握るときのコツ

グリップを握ったときは上の指2本を遊ばせるようにした「ピストルグリップ」で握ります。②のようにギュッと握るのは「ハンマーグリップ」と呼ばれています

うまく握れるようになるまで繰り返し教えましょう。

サーブテクニック　スタンス

スタンスの取り方を教えましょう

難易度
★
適正人数
1～8人

① 導線は打ちたい方向に向いているか

SRIXON
デュースサイドに打つならこの方向

SRIXON
アドサイドに打つならこの方向

写真のようにシングルスティックを使って、打つ方向（導線）を確認し、そこに両足のつま先を合わせます

レッスンポイント

スタンスの取り方を指導

サーブを打つときのスタンス（足の位置）も大切です。正しいスタンスが取れていないと正しいフォームで打てないからです。

グローバルでは「スタンスは自転車のハンドルと同じ」とアドバイスしています。進みたい方向（打ちたい方向）にちゃんとハンドルの位置が合っていることが大切なのです。

スタンスの取り方は、ボールを打つ方向と、両足のつま先を結んだ方向が一致しているのが基本です。

② 肩幅が基本

スタンス幅は、広すぎず、狭すぎずが基本です。成長するにしたがっていずれ個性が出てきますが、まずは肩幅を指導しましょう

〇 OK 肩幅

✕ NG 広すぎ

✕ NG 狭すぎ

③ サーブの練習法

中の２人はシングルス。両サイドの２人はダブルスを想定して打ちます

大人数のレッスンならコートの４カ所からサーブを打ちます。このときもターゲットを設定して、狙う場所を明確にしましょう。

スタンスの取り方がわからない子どもには、ここでも丁寧に指導します

また足幅は、狭すぎず、広すぎず、肩幅くらいを心がけてください。①、②の写真を参考に、正しいスタンスの取り方を指導してください。

サーブテクニック　トスアップ
トスの上げ方を教えましょう

難易度
★
適正人数
1～8人

1 腕全体を使って上げる

ボールを上げるときは腕全体で上げるようにします。手首や肘の関節を使って上げるのはNGです。また、トスアップのときのボールはやさしく持つようにしてください。五本指でギュッと握り締めて持つのはNGです

レッスンポイント
トスの上げ方を指導

「サービス上手は、トス上手」という言葉があるくらい、トスアップは重要です。もし、空中のいちばん打ちやすい場所にボールが釣り下がっていたら、サーブは難しくないでしょう。サーブが安定しないのは、正しくトスを上げられないからです。

トスアップは、腕全体でボールをリフトアップするのが基本。手首や肘を使って上げるのはNGです。また、ボールをリリースするのは、

❷ この高さで上げる

このラインより上で上げるように

ボールをリリースする高さは肩のラインよりも上です。できるだけ高い位置でトスアップできるように指導しましょう

❸ 上げたボールをキャッチ

上げたボールをキャッチして

正確に上げるためには何度も練習する必要があります。上げたボールを左手でキャッチする練習を取り入れましょう

肩より上のポジションが基本です。「胸前」→「もも」→「肩」のリズムでボールを上げるように指導してください。

✕ NG

おっと、前に上げすぎた

✕ NG

足が動いたらダメ

サーブテクニック　ボール突き
ルーティンの取り方を教えましょう

何回突いたら
サーブに入りや
すいか、自分で
確認して！
SRIXON

4
5
6

肩の力、膝の力を抜くために、ボールを突く

息を吐いて再びリラックスしてから

トスを上げる

レッスンポイント

サーブへの入り方を指導

何か行動を起こす前の儀式（クセ）のことを「ルーティン」と言います。サーブは、あらゆるショットの中で、唯一自分のリズムで打てるショットなので、自分なりのルーティン作りはとても大事なことです。

「こんなルーティンをやろう！」という指導はしませんが、サーブの構えに入るところから、トスアップまで、「こうしたほうがリラックスできる」というリズムの作りはあります。

難易度
★

適正人数
1～8人

❶ ボールを突く

サーブに入る前にはボールを突いて心を落ち着けましょう。ボールを突く回数を決めておくことでリズム良くサーブに入ることができます

❶ グリップを確認する

❷ 軽くジャンプしてリラックスする

❸ スタンスを確認しながら相手コートを見て、打つコースを決める

❷ 萌ちゃんのルーティン

長く指導している萌ちゃんは、紆余曲折を経て、このようなルーティンでサーブに入っています。自分なりのルーティンができてからのサーブは確実に良くなりました

①、②では、私の経験上、「これはいいな！」と感じていることを紹介しているので、取り入れるところがあれば参考にしてください。

サーブテクニック　スイング

振り放しのスイングを教えましょう

難易度
★
適正人数
1 ～ 8 人

ボールを打ったらスイングを止めてしまうのは NG です。この振り止めの意識があると、スイングスピードが上がりません

レッスンポイント
振り放すスイングを指導

サーブのスイングをナチュラルにするためには、ストローク編で学んだワンピースで脱力するスイング意識を持つことが大切です。初期の段階でスイングスピードが出ないのは、思い切り振るのが怖くて、上のNG写真のように「振り止め」のスイングになっているからです。大切なのは「振り放す」イメージを持つこと。サーブを打つときは、①の写真のように、「ボール4個分を打ち抜く意識」を持ちましょう。

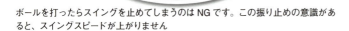

❶ 振り放しのスイングイメージ

ここから

ここまで打ち抜くイメージで

左端のインパクトからボール４つ分くらいボールを打ち抜くイメージを持ちましょう。このイメージがあれば思い切りスイングできます

❷ サービスラインからバックフェンスに打つ

バックフェンスまで飛ばせるかな？

ベースラインからサービスボックスに入れようとするとスイングが小さくなってしまうので、初期の練習では、サービスラインから遠くまで飛ばすような練習を取り入れましょう

❸ パワーストロークを使う

SRIXON
カチッ！

振り放しのスイングをイメージさせるのは、パワーストロークを使うのも有効な手段。思い切り振ればいい音が出るぞ！

サーブテクニック　打点

サーブの打点を教えましょう

❶ 打点は身体の前

振り放すスイングで打てば打点は身体よりも前に取れるはずです。写真の位置でボールを打つことを指導しましょう

❷ これはNG 頭より後ろ

身長が低い子どもは、ボールを遠くまで飛ばそうとすると、打点を後ろに取りがちです。頭の位置より後ろで打つのはNGです

レッスンポイント

サーブの打点を指導

サーブの打点はスイングの中にあります。前ページで紹介した「振り放すスイング」で、もっともスイングスピードが上がったところにヒッティングポイントがあるのが理想です。トッププロで本当に凄いサーバーは、どんな球種を打つときでも「同じ位置にトスを上げる」と言われます。フラット、スライス、スピンを同じトスから打ち分けるのです。そこまではいかなくても、「ここで打ってほしい」という打点があ

難易度
★★
適正人数
1～8人

❸ 左右の打点

ベースはこの
打点
OK

スライス系が
打ちやすいの
はこの打点

スピン系が打
ちやすいのは
この打点

ある程度サーブのスイングができてきたらトスの位置によって球種を打ち分けられることを教えます。とはいえ、基本となるのはOKの位置（スイングをしていく中で体が正面を向いたときの右肩の前）。球種の打ち分けは、ここでしっかりと打てるようになってからの指導が良いでしょう

❹ 前で打つのが理想

トスは
こんなに前
下半身のパワー
を使って斜め前
に飛び出す
スイングスピード
が最高のところで
ボールをヒット

これは萌ちゃんのサーブを横から見たところです。このくらい前の打点でヒットするのが理想。そのためには下半身の使い方も大事になってきます

ります。それを①〜④で紹介します。

サーブテクニック　キレのあるサーブ①

キレのあるサーブを打つコツを教えます

難易度
★
適正人数
1～8人

レッスンポイント キレのあるサーブとは？

サーブで最終的に求めるのは、スピードがあって、回転も効いたボールを打つことです。スピードも大事。回転も大事。その2つを両立してコントロールするのが「キレのあるサーブ」です。陽介はセカンドサーブでもポイントが取れる選手ですが、それはキレがあるからだと思います。

キレがあるサーブを打つためには、流れるようなしなやかなフォームが必要不可欠です。①、②で紹介

コツ①手首を柔らかく

✕NG
うっ、これは何か変な感じ
○OK
これなら大丈夫！

構えたときにリラックスするコツは、手首を柔らかくすることです。OK 写真のようなリストの形を気にしましょう。逆に、NG 写真のように硬く握ってしまうとスイングも硬くなってしまうので要注意です

コツ②カナヅチで釘を叩くように

○ OK　手首から先を使う コツンと叩き付けられる

これはインパクトでボールを叩くときのイメージを示したものです。下の NG 写真のように、叩く前から力を入れて、腕全体を使うと、ラケットは鋭く振れませんが、上の OK 写真のように、力を抜いて、肩から腕全体をしなやかに使うと、ラケットを鋭く振ることができます。リラックスしてスイングすることが大切ということです

✕ NG　腕全体で振ると叩き付けられない

しているリラックスするコツとともに、次ページの齋藤恵佑選手の連続写真でイメージを高めてください。

サーブテクニック　キレのあるサーブ②

グッドイメージを伝えましょう

齋藤恵佑選手のサーブ

この写真のように、全身を柔らかく使って、流れるようなスイングを身につけましょう。どこもギクシャクしたところがないフォームなので、軽く振っているようでもキレのあるボールを打つことができます

アドバイスポイント

観て、感じて、上達する

ここまで読まれた読者の方だったらおわかりと思いますが、グローバルで行っている指導には特別なものは一つもありません。

それでも選手が次々と育つのは、子どもたちが自分で考える力を持っているからです。

高いレベルの選手が一緒に練習している環境が大きいと思います。頭が柔らかいうちに、テクニックが固まらないうちに、子どもたちは自然に良いイメージを持つことができる

のです。

上のサーブは、ジュニアデ杯のアジアチャンピオンとして活躍している齋藤恵佑選手のサーブです。58〜59ページのフォアの連続写真でもわかるように、彼のフォームは、運動の連鎖がとぎれることなく本当に柔らかくてしなやかです。修造チャレンジに参加したとき、松岡修造さんから「今まで見た選手の中でいちばん良いスイングをしている」と褒められたそうです。

教え方にはさまざまな方法があると思いますが、私は、ジュニアの指導では、あれこれとオーバーコーチングしないことが大切だと思っています。観て、感じて、そして試す……これの繰り返し。それがうまくなる早道なのです。

サービス練習の仕方を考えましょう

難易度
★★★

適正人数
1～8人

❶ ターゲットをかならず用意

サーブの練習を行うときはかならずターゲットを置きます。漠然と「入れる」のではなく、しっかりと「狙う」ことが大切です

アドバイスポイント①
わからないことがあったら丁寧に指導する

サーブの練習法にはさまざまな方法があると思いますが、サービスは入ればいいと目先の答えだけを合わせようとせず、「式が大切」（スイングプロセス）だということをつねに頭に入れながら指導してください。

間違ったスイングを放っておくと、ケガを招いたりそこから先の進歩が止まってしまいます。とくに、ジュニアの場合は、できないこと、わからないことがあったら、その度

② サービスラインから打つ

サービスを導入する初期の練習では徐々に打つ距離を伸ばす方法を取り入れています。まずはサービスラインから打ちましょう

③ サービスラインとベースラインの中間から打つ

②を簡単にクリアできるようになったら、打つポジションをサービスラインとベースラインの中間まで下げます

④ ベースラインから打つ

最終的にはベースラインから打ちますが、このときはワイド、センター、ボディの3カ所を打ち分けるように意識させましょう

に丁寧に教えることが大切です。

アドバイスポイント②
ハードルは徐々に上げていく

グローバルのサーブ練習は、簡単なことからスタートして、徐々にハードルを上げていく手順で行っています。まずは135ページで紹介した遠くへ飛ばすサーブで、サーブのスイングを作っていきましょう。

次のステップとしては、②〜④のように、サービスラインから、サービスラインとベースラインの中間から、ベースラインから、というように、徐々に難度を上げていく方法を考えてください。

もちろん、上のレベルなら段階を踏む練習はスキップしても構いません。

スマッシュテクニック　ボールキャッチ

スマッシュの基本を教えましょう

難易度
★
適正人数
1～8人

❶左手を上げてボールキャッチ

こうやって左手でキャッチね！
SRIXON

まずは手投げで上げたボールを左手でキャッチします。このときは半身になって捕れるように指導しましょう

POINT

慣れていない子どもは、りとむくんのように正面向きでキャッチしようとします。ボールを捕るときは半身になるようにアドバイスしましょう

こうやって横向きで捕ってごらん
SRIXON

さあ、捕れるかな～

アドバイスポイント
スマッシュを導入するタイミング

スマッシュを導入するタイミングは、サーブと同時で構わないと思います。なぜなら、2つは同じオーバーヘッド系のショットだからです。

よく、ボレーの付け足しみたいな感じでスマッシュ練習をやっているのを見かけますが、ボレーとスマッシュはまったく違ったテクニック。ボレーと同時の導入は間違ったアプローチだと思います。

❷ ラケットを短く持って当てる

次はラケットを短く持って、落ちてくるボールにラケット面を当てます。このときには、できるだけ高い位置で、身体のラインよりも前で当てるようにアドバイスしましょう

この構えを作ろう

半身になってボールを待つのが正しい構えです

レッスンポイント①
ボールをキャッチするところからスタート

グローバルでは、スマッシュの導入にも段階的な練習法を取り入れています。まずは、①のように、左手でボールをキャッチするところからスタートしましょう。

レッスンポイント②
ラケットを短く持って

うまくできるようになったら、次は②のように、ラケットを短く持って、上がったボールにラケット面を合わせる練習をします。ここで大切なのは、つねに同じ位置でボールにラケット面を当てることと、しなやかに振ることです。強く振る必要はありません。

スマッシュテクニック　ボールに身体を運ぶ

打てる範囲を広げていきましょう

難易度
★★

適正人数
1 ～ 8 人

③ ラケットを長く持って打つ

ネットポジションで構えたところから
SRIXON

右足を引いて横向きの体勢を作って
SRIXON

左足を踏み込んで打つ
SRIXON

前ページの②を難なくクリアできたら、次のステップは、ラケットを普通に持って、構えたところから横向きの体勢を作り、一歩踏み込んで打つ練習をしましょう

✕ NG 正面向き

半身の体勢を作らずに正面向きのまま打つのは NG です

アドバイスポイント

使わなくても練習しておく

実際ジュニアの試合を見ているとストローク戦が多く、スマッシュを使う場面はほとんどありません。だからと言ってスマッシュの練習を疎かにすると、スマッシュを使う場面でも、ついついスイングボレーで打ったり、苦手意識を持つ選手が現れてしまいます。試合で使う量が少なくても練習はしっかりやっておく。それが将来につながる指導です。

④ 深いボールに足をたして打つ

実戦になったら定位置でスマッシュを打つチャンスはそうありません。深いボールを出して、後ろに下がる足をたしてボールを打つ練習をします。忠邦くんは良い例です

SRIXON
深いボールのときは下がる左足を足して

SRIXON
右足で軸足を作って

左足を踏み込んで打つ

レッスンポイント③
ラケットを長く持って

うまくラケットにボールを合わせられるということは、ボールの落下点に身体を運べるようになったということです。その段階になったら③のように、ラケットを長く持って次のステップに進みます。

レッスンポイント④
足を足して

③の練習で、右足を引いた横向きの体勢でボールをヒットできるようになったら、次のステップとして、④のように、後方に出したボールを打たせます。下がりながら距離をとり、迎えに行きながら打てたら合格です。

Let's go Tennis
Global

第5章

すぐにコートで動ける身体を作ろう!

ジュニアには、スポンジが水をどんどん吸い込むような「ゴールデンエイジ期」があります。この時期は教わったことをすぐに覚えることができ、覚えたものは一生ものになります。グローバルでは、ジュニアでもトレーニングを習慣づけることが大切だと思っています。習慣化することで、コートで自然に動く身体とケガに強い身体を作ることができます。ここで紹介しているトレーニングは、どこでもできることばかりです。最低限の指針として参考にしてください。

トレーニング　ラダー①

すぐに動けるウォーミングアップ法を教えます

メニュー①　1マスを2歩で走る

ラダーを縦方向から1マス2歩で走ります。枠を踏まないように小刻みに足を動かすようにしましょう。同じメニューで横方向から1マス2歩で走る方法もあるので、試してください

メニュー②　1マスを両足でジャンプ

小さくジャンプしながら1マスずつ走ります。ここで注意するのは、枠を踏んでしまうと次の生徒がうまくジャンプできないので、マスの中に確実に着地すること。ゆっくりでも構わないので正確に行うようにしましょう

アドバイスポイント

ボールを打つときはすぐに動けるように

平日、ジュニアの練習時間は限られています。例えば、2時間だとしたら、身体を温めるためにミニテニスに時間を取るのはもったいない。そこでグローバルで採用しているのが、ラダーを使ったウォーミングアップです。ラダーを使えば、短い時間でも大人数に対応できます。

ラダートレーニングは、敏捷性やバランス感覚、巧緻性などの能力を養うのに最適と言われ、もちろん、

メニュー③　1マスを両足で高くジャンプ

メニュー②より高くジャンプして1マスずつ走ります。膝を引きつけるように注意しながら高くジャンプさせましょう。1マス飛ばして、一度に2マス進むメニューもありです。かかとをお尻につけるのでなく、ももを体に引きよせましょう

メニュー④　1マスをケンケンで走る

片足のケンケンで1マスずつ走ります。右足で行ったら、次は左足というように、かならず両足とも行いましょう。なるべく高くジャンプしましょう

テニスにも向いています。

ここから紹介する12のメニューを行ったとしても10～15分程度で身体を暖めることができます。ケガ防止のためにも、こうしたウォーミングアップはかならず取り入れてください。

トレーニング　ラダー②

すぐに動けるウォーミングアップ法を教えます

メニュー⑤　片足でマス中、マス外をケンケンで走る

メニュー④の別バージョンです。ケンケンをしながら、マスの外→中→外→中…というようにステップを踏みながら走ります。枠を踏まないように気をつけながら両足ともかならず行いましょう

メニュー⑥　サイドステップしながら走る

左右の足を中・外・中・外と入れ替えながらサイドステップして前進していきます。テニスに大切な細かいフットワークを作るのに最適のメニューなので、かならず取り入れてください

アドバイスポイント

使いやすいトレーニング器具

ラダートレーニングのメニューは、大きく分けると、単純なステップを踏んで走る、ジャンプしながらステップを踏んで走る、身体を捻りながらステップを踏んで走る、の3種類に分類できます。どのメニューも簡単なものから複雑なものまで多種多様。競技種目によって、スキルによって、年齢によって使い分けます。

ここで紹介している12のメニューは、どれも簡単なものばかり。テニ

メニュー⑦　1マス毎に引き足を使いながら走る

ラダーを横方向に使い、1マス毎に、前進、後退しながら横移動していきます。入る→出る→出る→入る→出る→出る…という順です。これもテニスに大切な細かいフットワーク作りに流用できる動きなので、かならず取り入れましょう

メニュー⑧　身体を反転させながら走る（プロペラ）

ラダーの縦方向から、腰を捻って下半身を180度回しながら1マスずつ進みます。反転したときにマス内にしっかり着地するように気をつけましょう。左足中、右足外の状態からスタートです

スの動きを考えながら組み合わせています。おわかりのようにラダーは「はしごの形をしたトレーニング器具」です。高価なものではないので、自宅や公園などで普段のトレーニングに使ってみてはいかがでしょうか。

メニュー⑨　1マスをもも上げしながら走る

つま先で足を蹴り上げながら、もも上げして1マスずつ正確に進みます。ももをできるだけ高く上げるのがポイントです。枠を踏むと後ろの生徒が動めなくなるので、着地足を注意しながら行いましょう

メニュー⑩　1マス2歩で横向きのもも上げ

ラダーを横に使い、1マスを2歩のサイドステップを入れながら横に進みます。身体の中心線がブレないようにまっすぐの姿勢を保つのがポイントです。忠邦くんはちょっと後傾姿勢になっているかな？

メニュー⑪　ケン・ケン・パー

右足でケン・ケン・パー→左足でケン・ケン・パーでラダーを進みます。パーで外に出る足を大きくすれば、中に引きつける運動強度が上がります

メニュー⑫　腕立てしながら横移動

ラダーを横に使い、腕立てをしながら横移動します。このときは背中がまっすぐな状態を維持するようにしましょう。ラダーを使ったトレーニングメニューには、このように上体の筋力強化に役立つものもいっぱいあります

トレーニング　スパイダーラン

テニスコートを使ったトレーニング法を教えます

難易度
★★★
適正人数
1～8人

スパイダーラン

こうやって５カ所にボールを置いていきます

アドバイスポイント
短い距離を素早く動けるように

オンコートで行う走る練習として一般的なのが、「スパイダーラン」と「ラインタッチ」です。どちらも、走る、止まる、というテニスの動きに即した要素を入れたものなので、普段のトレーニングに取り入れてほしいと思います。

長期的な視野に立って、子どもの成長を見届けるのなら、スパイダーラン、ラインタッチとも、タイムを記録することをお勧めします。子どもは人との競争も好きだけど、タイ

メニュー①
8個のボールをセンターマークのラケットに集める

シングルスコートの8カ所にボールを置いて、それを拾ってセンターマークのラケットに集めていきます。拾う順番はアトランダム。自分が動きやすい順番で構いません。最後はしっかり止まってほしいので、ラケットの面からボールがこぼれるのはNG。そこでタイムストップです

※中央のボールを踏んでケガをしないよう注意しましょう

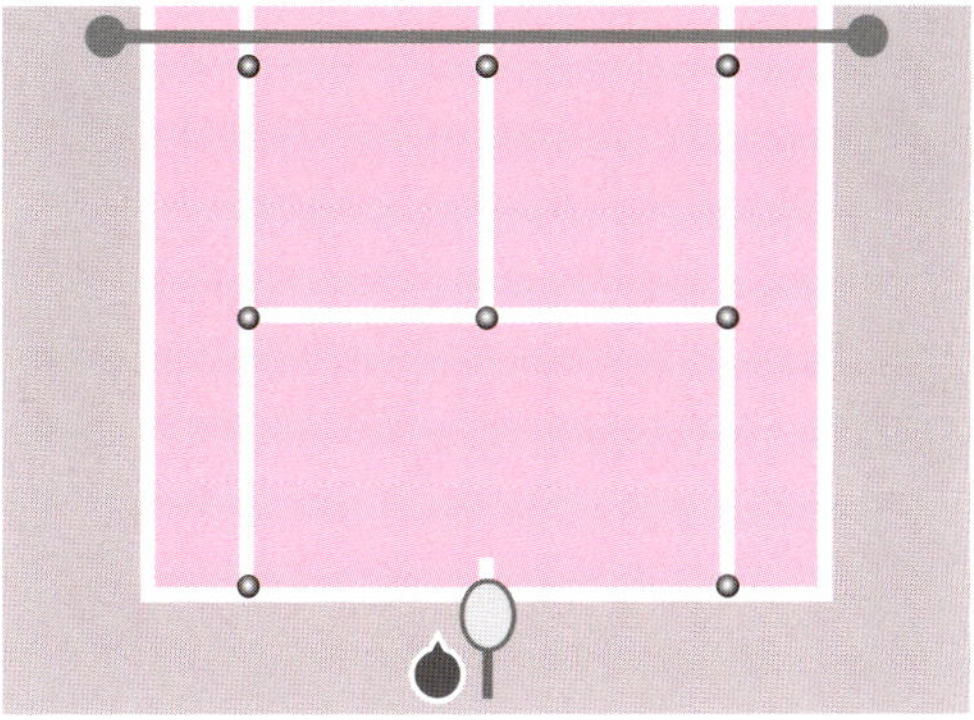

メニュー②
センターにある5個のボールを×に置いていく

センターマークに置いたラケットにボールを5個用意して、そのボールを×の5カ所に置いていって、最後はセンターのラケットにタッチして交代。次の選手は前の選手が置いたボールを回収して、次の選手にバトンタッチ。順次行っていきます。しっかりとタイムを取りたいときは、5カ所にボールを置いて、一人、一人行いましょう

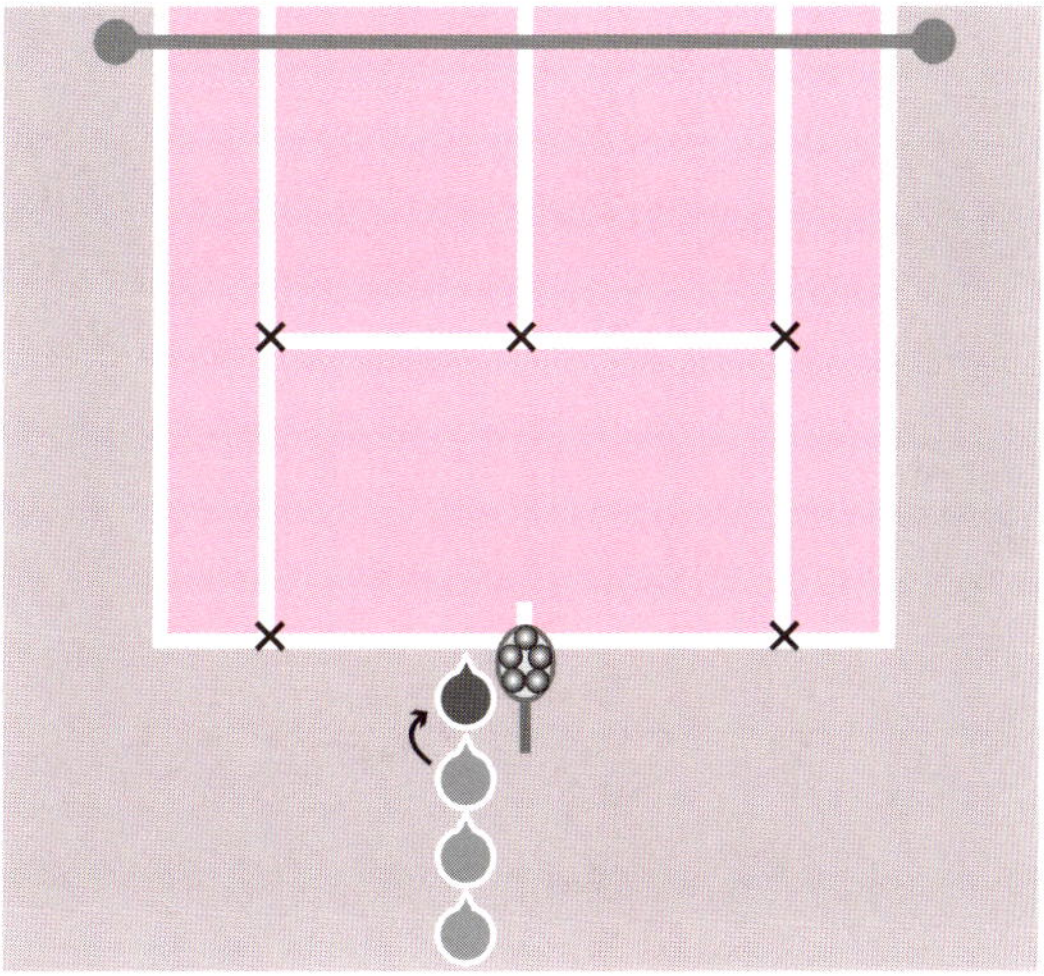

ムとの競争も大好きです。「1年前より、これだけ速くなった」という記録は、トレーニングを行う上で大きなモチベーションとなります。

レッスンポイント
スパイダーラン

テニスコートで行うスパイダーランのメリットは、つねに同じ条件を設定できるということです。つまり、タイムは全国共通。どこのクラブで、学校で行っても、タイムの比較ができます。

プロ選手たちが行っているのは、メニュー①の方法で、速い選手だと30秒そこそこのタイムが出ます。

グローバルで普段行っているのはメニュー②で、トレーニング強度としては、メニュー①の半分くらいになります。小学校高学年なら18秒を切れば優秀です。

トレーニング　ラインタッチ／外周走

簡単にできるトレーニング法を教えます

ラインタッチ　ライン間を往復する

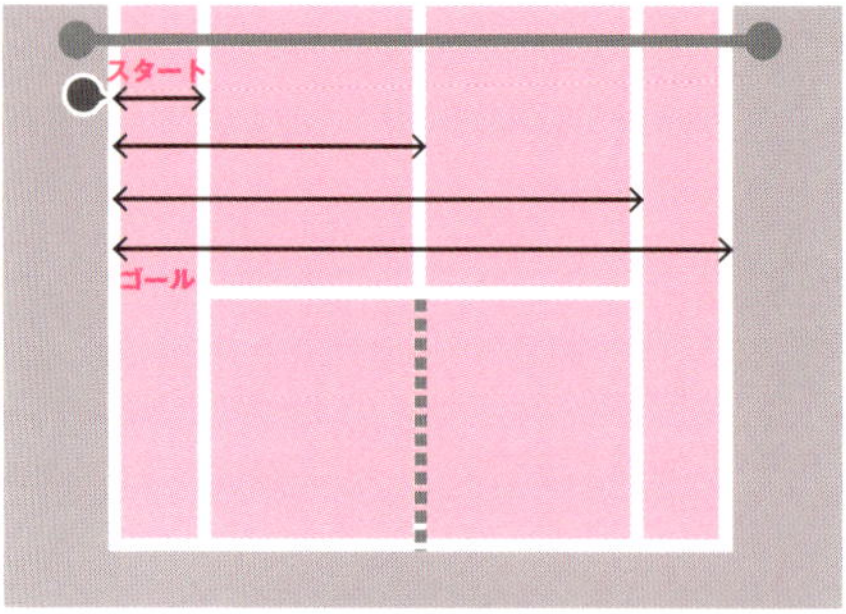

ダブルスラインからスタート。シングルスラインを踏んだらスタート地点に戻り、次はサービスセンターラインを踏んだらスタート地点に戻り、という繰り返しで、最後は反対側のダブルスラインを踏んでスタートラインまで戻る、ゴー＆ストップ、ストップ＆ゴーのランニングです

左のダブルスラインからスタートして、コート上のラインを踏んだら逆戻り。最後は右のダブルスラインを踏んでスタート地点まで戻ります

レッスンポイント
ラインタッチ

テニスコートのラインを使って、ゴー＆ストップ、ストップ＆ゴーを繰り返す「ラインタッチ」もよく行われているトレーニングです。俊敏な切り替え動作で体勢を低くして走らないと良いタイムは出ません。ラインタッチもコートのラインを使うので、つねに同じ条件を設定できます。時にはタイムを計測して、成長の記録をつけるのも良いでしょう。

外周走

みんなで一緒にランニング

グローバルの外周コースは、1周1.3キロ。練習に来た子どもたちは、まずここを走ってからコートに入ります

最後はダッシュだ！

最初は走れなくても、小さな頃からずっと走っていれば、かならず走れるようになります。学校のマラソン大会はみんな大得意です

レッスンポイント

外周走

練習にやってきた子どもたちは、誰に言われるでもなく外周を走ります。自然環境に恵まれたこの場所では、車も信号も気にすることなく走れる1周1・3キロの外周コースがあります。そこを走って身体を暖めてからコートに入り、ラダーを行ってからボールを打ち始めるというのが通常のパターンです。

子どもたちが怖れているのは、たまに行う外周10周走ですが、最初は走れない子どもたちも徐々に走れるようになり、たいていの子どもは学校でのマラソンを得意としているようです。

トレーニング　コーディネーション①

テニスがうまくなる遊び教えます

難易度
★★★
適正人数
1〜8人

アドバイスポイント

観る能力が高まれば誰でもかならずうまくなる

子どもたちの中には、教えたらすぐにできる子と、なかなかできない子がいます。一般には、できない子は「運動神経がない」で片付けられてしまいますが、経験上、それは間違っていると思います。

うまくできない子は、ボールを観察する能力が足りないだけです。「コーディネーション」という言葉を聞いたことがあると思います。コーディネーションは、「目と手の

①ボール2個同時キャッチ

ボールを２個同時に投げてキャッチさせます。うまくできない子どもは、どちらかのボールだけを観ているからです。全体をぼんやり観て状況を把握する「周辺視」を伸ばすトレーニングにもなるので、遊びの一環として取り入れましょう

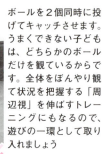

❷ 足でリフティングしてキャッチ

テニスプロの中には、ラファエル・ナダルのようにテニスボールで何百回もリフティングできる選手がいます。彼らのコーディネーション能力が優れているということです。手でキャッチするだけでなく、足も使ったボール遊びも取り入れてください

じゃ、こんどは足を使って
DEDICATED TO

リフティングはOK
DEDICATED TO IMPRO YOUR GAME

うわ、取り損なった

協調性」のことですが、それはまさに、ボールを観て（弾んだ）、打って（当たった）のことだと思っています。練習を積むことで、テニスのための運動神経はかならず良くなるはずです。

レッスンポイント
ボールキャッチ

ボールを観る能力があるかどうかは、ボールキャッチさせるとすぐにわかります。いちばん簡単な方法は、①で忠邦くんが行っているように、ボールを2個投げて、同時にキャッチさせる方法です。しっかりボールを観察できる子は、自然に手がボールのところに動いてキャッチできます。テニスは止まったボールを打つわけではありません。こうした遊びを通してコーディネーション能力を高めていきましょう。

トレーニング　コーディネーション②

テニスがうまくなる遊び教えます

難易度
★★★
適正人数
6～10人

❶ 小さな輪になって

1、2、3！

キャッチ成功

写真くらいの輪になって「1、2、3！」の合図で隣の人のラケットを倒さないでキャッチする遊びです。一周回ったら大成功。失敗した人が抜けていくやり方もありです

❷ 大きな輪になって

こんどは間隔を広げてスタート

うわ、キャッチし損なった

①の輪を広げて同じ遊びをします。隣との間隔が広くなるので動きも大きくなります。自分が動くことばかり考えて、ラケットをしっかり立てない子どもが出てくるので、一周回るのは大変です

アドバイスポイント

楽しいと思う気持ちがあればうまくなる

グローバルでは、練習の合間に①～④のような「遊び」を取り入れています。これも一種のコーディネーション・トレーニングと言えますが、私はこんな遊びの中で子どもたちの表情を見ています。

私が目指しているのは、うまく教えるレッスンではなく、テニスを好きにさせるレッスンです。子どもが成長する最大のポイントは、「テニスが好き」、「テニスをもっとやりた

③ 投げ上げたボールをキャッチ

上に弾ませた
ボールを

ラケット面で
スッとキャッ
チ

投げ上げたボールをラケットでキャッチする遊びです。ポイントはキャッチするときにボールをスッと面に乗せること。ポンポンと弾むのはNG。単純な遊びですが、ボレータッチの要素が入っています

④ 相手が弾ませたボールをキャッチ

対面の相手に
ボールを
投げて

ラケット面で
スッと
キャッチ

③が簡単にできるようなら、こんどは対面の相手が放ったボールをラケット面でキャッチします。ここでは円陣を作って行っていますが、2人、3人で行ってもOK。これもコーディネーション能力や、ボレーの感覚を身につける良い練習になります

い」という気持ちです。その気持ちがある子どもには、「グッと踏み込んでくる瞬間があります」。そこを見逃さないのが、指導者としてもっとも大切なことなのです。

TADANO
YSK
SRIXON
DUNLOP
of course
Babolat

第6章

テニスの教え方、教えます

この章では、テニスを教える側の「心得」を紹介しています。心得というと大袈裟に感じますが、「こんな気持ちで子どもと接してほしい」というささやかなアドバイスと思ってください。子どもにとって何より大切なのは、「また明日もテニスをしたい」と思う心です。指導する側は、そんな環境や雰囲気作りを心がけながら、子どものテニスを育てていきましょう。

選手の育て方、教えます①

頭も心も身体もしなやかに。それがグローバルのモットー

たった２面のテニスコートだけど、工夫と熱意があれば子どもを育てる上では大したことではない！

グローバルから選手が生まれる理由

陽介が高校生で全日本テニス選手権のタイトルを取ったことや、三兄弟が揃ってプロになったことで、グローバルに注目が集まるようになり、将来プロを夢見るジュニアもたくさん訪れるようになりました。「グローバルで練習すれば強くなれる」との思いから集まってくるのだと思いますが、正直言って、グローバルでは、何も特別なレッスンを行っているわけではあり

陽介のホームコートはここ。裕介、敬介、陽介がジュニアと一緒に練習したり、打ち合ったりするのは普通の光景

小学生から高校生まで一緒に練習することだってあるぞ！

ません。私が、コートでいちばん大切にしているアドバイスは①足を動かす、②ボールを観察する、③しなやかに振る、という基本的なことです。

グローバルは、埼玉の片田舎のテニスアカデミーです。コートは2面しかなく、1面に入る生徒数は限られているため、下手すると、高校生グループと中学生グループが一緒になったり、中学生グループと小学生グループが一緒になったりします。また、付帯設備だって立派なものは持っていません。そんな中から、三兄弟がプロ、日本一に育ち、齋藤恵佑がジュニアデ杯の代表として世界で戦っているのです。

「なぜ選手が育つのか？」と聞かれて私が思うことは、強くしてあげたいというコーチの強い気持ちと、本書で紹介したものがすべてです。

ただ、これだけは言えるのは、「グローバルはテニスが好きになる場所」ということです。レッスンの工夫や本人の努力で確実に目標に到達できます。

なかなか思うように上達しない選手はモチベーションを維持するのが難しいものです。

最終的には本人の「テニスがしたい」、「もっと強くなりたい」という気持ちが大切ですが、そのために必要なのは「テニスが好き！」という気持ちです。そうなってもらえるかどうかは、指導者にかかっているという意気込みで、日々子どもたちと向き合っています。

選手の育て方、教えます②

綿貫家の中心にあったのはテニス。家族写真のほとんどはテニスコート周辺で撮ったもの

テニスを好きになるがテニスが強くなる秘訣

陽介がプロになったことで、3兄弟揃ってのプロテニスプレイヤーが誕生しました。本当に驚き、感動しました。私は、テニスを教えることが仕事だったので、子どもたちが生まれたときから周りにテニスの環境がありました。それは彼らにとって大きなことだったかもしれませんが、簡単にプロになれるほどテニスは甘くありません。

グローバルでは、私の子ども

いつもは狭い家（グローバル）で練習しているから広い家（会場）で試合できるのが嬉しいと言う陽介。このヤロー！

３兄弟揃ってプロになったのは、驚きでもあり、自然な成り行きでもあったかもしれない

であっても、プロになっても特別扱いはありません。彼らは一般のジュニア選手と同じコートでレッスンを受けています。

長男の裕介が高校３年牛になったときは、このまま大学に進学してテニスを続けると思っていました。だから、裕介自身から「高いレベルで自分を試して、挑戦してみたい。プロになりたいと思っている」と言われたときはとても驚きましたが、本人の意思を尊重し、応援することにしました。

その裕介を見て、敬介がプロになり、陽介は、もう小学生の頃からプロになるのが当然だ、と思って育ちました。

彼らの育ち方は、１７６～１８１ページを参考にしてください。

彼らは本当にテニスが好きな子どもでした。いちばんの罰は、テニスをさせないこと。「今日は練習禁止」と言うのが、彼らにとって、もっとも堪える罰だと言えるほどです。

テニスがやりたくてたまらない。好きだから何時間でも練習できる。練習するからうまくなる。それはどの子どもも一緒だと思います。身内が指導すると熱心さのあまり感情がでてしまい、オーバーコーチングになりがちです。それだとテニスを好きな気持ちは育ちにくくなってしまいます。

親や指導者に必要なのは、そういったことで「子どもからテニスを奪わない」ことなのかもしれません。

テニスの教え方、教えます

子どもとの接し方、教えます

ボール拾いだって大切な練習の時間。たらたら拾っている子はひとりもいない

手製の第3コート（笑）。ボレー＆ボレーの練習なら、ちょっとした空き地でもできるはず

グッと踏み込んでくる瞬間を見逃さないように

テニスには、うまくできなかったことができるようになる喜びと、試合に勝つ喜びがあります。グローバルで目指しているのは、「今日の練習は楽しかった。明日もテニスがしたい」と思ってもらうことなので、その意味で言えば、前者を担っています。実際、3兄弟がジュニアの頃の試合はほとんど見ていません。彼らが試合をしているときもグローバルの他の選手の

トレーニングルームなんかないけど、腕立てもみんなで一緒に行えばなぜか楽しい

打ち終わったらポストまでダッシュしてまた戻る。人数が多くてもいろんな工夫ができる

レッスンを優先していました。その気持ちは伝わるものです。

テニスが楽しくなる、ということは、テニスに興味が沸くということです。子どもを育てるときにもっとも大切なのは、「テニスが好き」と思ってもらうことです。その気持ちが強くなれば、子どものほうからグッと踏み込んでくる瞬間が訪れます。そこを見逃さないのが指導者としての手腕だと思います。

私は、すぐにできる子と、できない子を分け隔てしないようにしています。と言うよりも、すぐにできる子は放っておいても大丈夫と思っています。できる子は確実にテニスが楽しい、と感じているからです。

すぐにできない子も一歩、一歩、進歩します。大切なのは、その日にできたことを褒めてあげることです。「何でできないんだ!」と叱るより、「良く出来たね!」と褒めるほうが100倍うまくなります。このことは親御さんも心に留めてほしいと思います。

錦織圭選手の活躍もあって、子どもにテニスをさせたいと思う親御さんが増えています。子どもが本格的にテニスを始めれば、テニスは親の協力なくては成立しないスポーツだということがわかります。良いことばかりではなく、大変なことも起こるでしょう。そんなときにお願いしたいのは、親はつねに、「子どもの一番の応援団」であり、理解者であってほしいということです。

うまくする工夫の仕方、教えます

おもちゃのダーツ（第3章101ページ参照）

手製のひも付きボール（第1章22ページ他参照）

手製の短いラケット（第1章23ページ参照）

うまくいかないときにどうするかを考えよう！

テニスがうまくなる指導法に正解はありません。もちろん、錦織圭選手や西岡良仁選手のように、海を渡って世界最先端施設のIMGテニスアカデミーで腕を磨く道もあるでしょう。しかしそれは、本当に一部の天才たちが進む道であって、普通の子どもが彼らのような道を必ずしも進めるわけではありません。

しかし、環境は違ってもうま

ボールを乗せたコーン（第１章 54 ページ他参照）

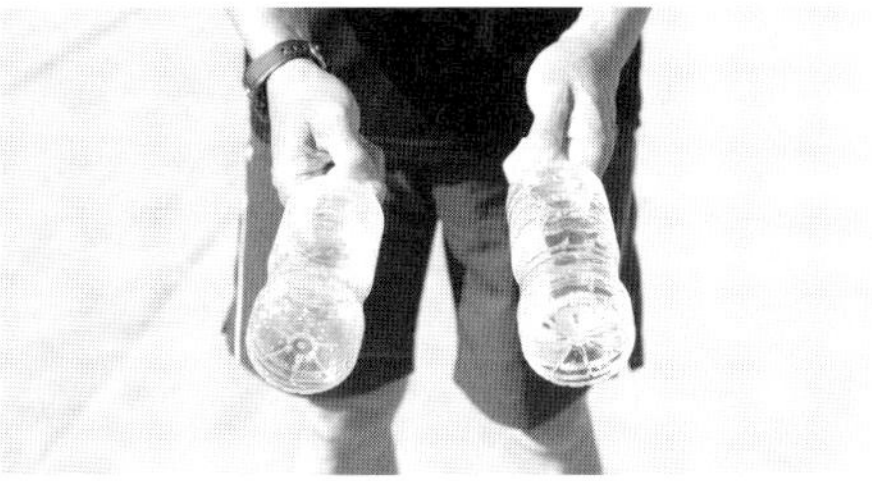

ペットボトル（第１章 33 ページ他参照）

ネット（第２章 78 ページ他参照）

椅子やベンチ（第１章 67 ページ参照）

パワーストローク（第１章 35 ページ他参照）

くなる方法はあると思います。人間は誰でも、同じ骨格と同じ骨の数を持っています。もちろん、身長や筋力は違うかもしれませんが、骨格や骨を自然に使えば同じようなフォームになってくるはずです。裕介、敬介、陽介のスイングは似ていると言われます。それは、力が抜けたリラックスした身体の使い方ができている結果です。グローバルで目指しているのは、力みがないワンピースのスイングです。理想的な身体の使い方をすれば、当然同じようなスイングが出来上がるのです。

そのためには、様々な工夫もするし、小道具も使います。ただ単にボールをたくさん打っていればうまくなるわけではありません。「うまくいかないときにどうするか？」。その試行錯誤が指導者には求められるのです。本書ではこのページで紹介しているような小道具が登場します。特別高価な道具はありません。比較的手に入りやすいものばかりです。とことんアナログでも、工夫次第で選手を育てることは可能なのです。

テニスの教え方、教えます

夢の持ち方、教えます

テニスはすぐに結果が出るスポーツではない。大切なのはとにかく興味を持つこと。テニスを楽しめていれば練習も続けられ、かならず上達する

将来を見据えて いまを頑張ろう！

日本のジュニアは12～14歳では世界でも強いと言われています。しかし、14～16歳で追いつかれ、16～18歳になると一気に抜かれてしまうように感じています。その例で言えば、陽介は例外中の例外でしょう。彼は18歳で強くなることができました。ジュニアを教えている指導者は、どこにピークを持っていくか、それを考えるのも大切な仕事だと思います。

することでしょう。これは1章を読んでもらえればわかるように、将来につながる身体の使い方を身につけてほしいからです。長男の裕介が片手に変えたのは小4でした。次男の敬介が片手にしたのは中学に入る直前。敬介はジュニア大会の成績が出ていたので、なかなか片手に移行できませんでした。そして陽介が片手にしたのは小2。裕介や敬介との積み重ねがあり、完成形が陽介と言うことができるかもしれません。

実は、陽介をいち早く片手に

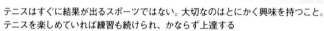

プロとジュニアが一緒のコートで練習する。それがグローバルの強み

陽介も、敬介も、成長と停滞を繰り返しながらプロになった

私には34年のコーチ歴があります。そのうち20数年は自分の子どもを通してジュニアテニスに携わっています。ここでは、3兄弟を育てた経験を元に、ジュニアの育て方を考えてみたいと思います。

グローバルで特徴的なのは、フォアも両手打ちからスタート

年齢は違っても同じ流儀に従って練習すれば似たようなフォームになるもの

変えようとすすめたのは裕介でした。世界を目指すなら早いタイミングのほうが良いと思ったのでしょう。同時に陽介のときには指導法も確立していたので片手への移行もスムーズでした。いまでは3兄弟ともフォアハンドは武器となっています。

グローバル育ちのジュニアは、体幹を使った捻り戻しのスイングがベースとなっているので、身体の成長とともにストロークがかならず伸びるのです。また、小さい頃から、柳の枝のようなしなやかなスイングを身につけていればケガはしません。子どもにケガをさせたらコーチ失格です。テニスが好きな心とケガをしない身体。この2つが夢を叶えるのです。

テニスの教え方、教えます

長男、裕介の場合

綿貫裕介
1990年5月20日生まれ
春日部市立緑小→（青森山田中学）春日部市立緑小→春日部市立緑中→（東海大菅生高）堀越高→プロ

裕介がいたから、敬介がいて、陽介がいる、といって間違いありません。裕介は、小さな頃から芯があって真面目な子でした。思ったことは最後までやり切る意志の強さを持っていました。小学生の頃は、同世代に強い選手がたくさんいて、「このままではいけない」と思ったのでしょう。ひとりで青森山田中学に行くことを決めました。旅立つときもひとり。バスに乗って手を振る姿を思い返すと、いまでも涙が出そうになります。

　高校は最初、東海大菅生に進みましたが、その後、堀越に転校しています。これも自分の意志を通した結果です。その高校時代もトップにはなれず、私たちはこのまま大学でテニスをするんだろう、と思っていました。なぜなら、「ジュニアで一番になれない奴はプロにもなれない」が、彼の持論だったからです。

　ところが高校3年のときに、「一つお願いがあります。大学に行かせるつもりで4年間プロをやらせてください」と言ってきたのです。それまで裕介にプロ思考があるとは思ってもいませんでした。彼は「テニスがいちばん伸びる4年間はテニスに集中したい。ダメだったら、そこから勉強して大学にいくつもり」と言うのです。そして裕介のテニスはプロになって伸びました。全日本チャンピオン（ダブルス、ミックス）にもなりました。本当に頑張り屋で頭が下がる思いです。

　グローバルには自己判断、自己責任という基本精神があります。そのポリシーの中で裕介は育ちました。いまは指導にも興味を持っていて、現役を続けながら、他のプロ選手のコーチも務めています。

綿貫家の長男、裕介。小学５年生のときの優勝写真

次男、敬介の場合

綿貫敬介
1993年11月19日生まれ
春日部市立緑小→春日部市立緑中→大成高→プロ

親の目から見て、テニスのセンスがいちばんあったのが敬介です。何かを教えればすぐにできてしまう子どもでした。テクニックがある上に、バランス感覚抜群。発想も豊かで面白いテニスをしていました。3兄弟の中でジュニアタイトルを一番持っているのは敬介。7つのタイトルを持ち、将来を期待されたジュニアでした。

　小さい頃からずっと勝ち続けていたので、両手打ちフォアから片手打ちフォアに移行するタイミングを逃してしまいました。変えたのは小学6年の秋。さすがにバランスが悪くなってしまい、自分のものにするまで一年以上の時間がかかってしまいました。

　また、天真爛漫で飽きっぽい性格もテニスの邪魔をしたかもしれません。テニスは、どこか意地悪なところがないと勝てません。それに何でもすぐに出来てしまうから、一つのことにどうしても打ち込めないのです。また不思議なことに、敬介だけが体質的に節制しても太ってしまうタイプでした。3兄弟同じ遺伝子を持っていて、同じものを食べているのに、本当に不思議です（笑）。

　敬介は暇さえあればテニスを見ています。趣味＝テニスというくらいのテニス好きです。一緒にトッププロの試合を見ていると、戦術感がすぐれているので面白い感想を聞くことができます。将来はコーチに向いていると思っています。松岡修造さんからも、「お前はいい指導者になれる」と言われているそうです。事実、陽介が全日本選手権で戦ったときはコーチを務め、チャンピオンまで導きました。

　まだまだ若いので現役でも頑張ってほしいと思いますが、将来は、コーチとしても敬介の才能を生かしてもらいたいと思っています。

綿貫家の次男、敬介。小学生の頃から抜群のバランス感覚とテクニックがあった

テニスの教え方、教えます

三男、陽介の場合

綿貫陽介
1998年4月12生まれ
春日部市立豊春小→春日部市立豊春中学校→西宮甲英高等学院→プロ

陽介は、裕介とは8歳、敬介とは5歳の年齢差があるので、物心がついたときには、すでにテニスが強いお兄ちゃんたちがいて、小学生の頃には「プロになる」と決めていました。小学生のころから打つボールにスピードとパワーはありながら、なかなかまとまらず試合で勝つことがむずかしかったです。

その頃は上の2人から、「ジュニアで一番になれない選手はトッププロになるのはむずかしい」と言われ続けていました。原因は、私にあります。グローバルでは、まったくフィジカルトレーニングをやっていません。身体が細かった陽介はフィジカルに問題を抱えていたのです。しかし、高2になって身体がスイングに追いついてきてからのブレークは半端ではありませんでした。ベースがしっかりしていたので伸びるスピードが凄かったのです。

高3になってからは、全日本ジュニア、ワールドスーパージュニアと取って、全日本選手権まで優勝してしまいました。私は驚きましたが、陽介はスーパージュニアを取った直後に、「全日本も優勝するから！」と言っていたのです。まさに有言実行でした。

陽介は、世界ジュニアでランキング2位を記録してプロに転向しました。松岡修造さんからは、「このまま成長すれば100位にはいけるだろうけどそこで止まってほしくない。錦織の後を継いでトップ10を狙ってほしい」と言われたそうです。これから陽介にとって本当の試練が続きます。いまの陽介にはエネルギーを感じます。家族中でバックアップして、綿貫家の最終兵器を応援したいと思っています。

綿貫家の三男、陽介。写真は、小学6年生のときの『とんねるずのスポーツ王』に出演したときのもの。錦織選手のサインが逆になっているのが微笑ましい

7歳から9歳の教え方、教えます

ベースとなるストロークとともに、テニスは楽しいという「心」を作るのが、7歳から9歳

テニスの上達過程には個人差があるので、「何歳までに……」と年齢で区切ることはできません。スタートした年齢、身体の成長速度、テクニックの習熟度など、様々な要素があり一概に言うわけにはいかないのです。それでも一応、小学校低学年（幼稚園年長を含む7歳から9歳）、小学校高学年（10歳から12歳）、中学校年代（13歳から15歳）である程度の目安を設けることも必要でしょう。

ここでは、私の経験を元に、各年齢で、「こうなっていてほしい」という希望を紹介することにします。

アドバイスポイント

7歳から9歳でベースを作る

グローバルで育った齋藤恵佑は、9歳までは目立ったジュニアではありませんでした。体格に恵まれていたわけでもなく、運動神経がずば抜けて良かったわけでもなく、センスはありましたがごくごく普通の子どもでした。ただし、低学年のうちにベースとなる大きなスイングができていて、高学年になって、全国区で成績が出るようになりました。

9歳までは、試合の勝ち負けはあまり重要視する必要はありません。大切なのは、エネルギーがあるスイングをすること。これは本書の大きなテーマでもあります。幹となるストロークを育てていきましょう。

9歳までに、「テニス用のフットワークを作る」ことは重要です。フットワークは大きくなってからですと身体に入らないので、最初の段階から教えるようにしてください。

また9歳までは、「ボールに慣れる時期」と言えます。相手が打ったボールを観て、スピード、弾むバウンドの高さ、回転などをいち早く判断できるようになれば、確実に強くなります。そのためにはボールをたくさん打つことも必要でしょう。

グローバルにはキンダー（幼稚園生）のクラスはありません。スタートは7歳から。ジュニアのテニスは、「できるだけ早い時期からスタートしたほうが良い」という声もありますが、私は7歳からのスタートでも大丈夫だと思っています。目指すのは9歳までに大きなスイングを身につけることです。何よりもこの年代はテニスを楽しむ気持ちが一番。練習の日が待ち遠しくてたまらない、という心が芽生えれば次の成長が待っています。

ご両親は、子どもたちが様々なスポーツを体験する機会を設けてあげたり、一緒にボール遊びをしてあげるといいでしょう。

ボールをちょこんと打つより、思い切り打つほうが楽しい。大きなスイングができるように指導していきましょう

人がボールを打っているときに、足踏みしながら自分の順番が来るのを待っている子どもはうまくなります

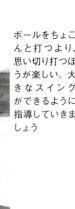

10歳から12歳の教え方、教えます

将来を見据えてさらにスケールが大きなプレイを身につけていくのが 10 歳～ 12 歳

アドバイスポイント
4番バッターを目指す

10歳～12歳は、試合に出始める年代ですが、グローバルの子どもたちは試合の出始めにはよく負けてしまいます。なぜなら、小手先のテニスで目先の勝ち負けにこだわるようには教えていないからです。この年代で目指しているのは、野球で言う4番バッターのスイングを身につけることなのです。

この年代で試合に勝つのは、1番、2番バッターのように、器用にボールをコントロールできる子どもで

10歳〜12歳は試合に出始める年代ですが、勝ち負けは二の次に4番バッターのテニスを目指しましょう

スイングスピードを上げてストロークの幹をさらに太くしていくのがこの年代です

す。また、「どうすれば試合に勝てるのか」をいち早く教えられている相手にもグローバルの子どもたちは勝てません。そうなると結果がほしい親御さんたちは不満に思うかもしれませんが、この年代では目先の勝ち負けよりもっと大切なことがあります。それは9歳までにマスターした幹のスイングをさらにスケールアップさせることです。

10歳〜12歳になると、スイングスピードをアップさせることを考えさせます。どんなボールが来ても4番打者のように振り切るスイングを要求するので、試合になるとアウトばかり。相手より動きもスイングも良いのに、試合では負けてしまうのです。肝心なのは、ここで妥協しないこと。叱ることは基本的にしない方針ですが、試合に勝ちたいが故に「かわすテニス」をした場合は、きっちり叱ります。そんなことをしていたら将来につながらないからです。

10歳〜12歳で先頭に立つのは器用な子どもです。全国小学生大会などで早く結果が出た選手が、成長してからなかなか活躍できないのは、それが原因だと考えます。16歳までは思うように結果が出なかった陽介は、17、18歳になって劇的なブレークを見せました。それは彼の肉体的な成長が4番バッターのスイングと合致し始めたからです。

例えば、小学校の最終学年、12歳になると、結果がほしい気持ちはよくわかります。だからといって、そこでそれまでに培ってきたプレイを変えてしまうのはもったいない……。子どもの成長はそれぞれです。12歳までは身体が小さかった子が中学に入ったら急成長なんてことは普通にあることなのです。

テニスの教え方、教えます

13歳から15歳の教え方、教えます

身体の成長とともに大きなブレークが訪れるのが 13 歳～ 15 歳

アドバイスポイント

ジャストフィットする時を待つ

13歳～15歳の中学年代は、さらに試合の勝ち負けを考えるようになります。しかしグローバルでは、この年代でも、勝ち負けよりも、目標を持ったテニスで試合に臨み、いい経験を積み重ねることを重視します。

私は試合に出る子どもに対して、目先の勝利のためのアドバイスはしません。自分の子どもの試合を見に行くよりも、グローバルの選手とのレッスンを優先してきました。13歳～15歳はまだまだ途上。そこがゴー

13歳〜15歳になると試合も多くなってきますが、目先の勝利よりも、1年後、2年後に勝てるテニスを身につけていきましょう

本当の意味でショットの精度が上がるのがこの年代。自分のショットをコントロールできるようになってきます

ルではないからです。

陽介がナショナルのメンバーと練習するようになってから、コーチやトレーナーに、「試合のときに戦略を何にも考えていませんね」とか「トレーニングがたりていないですね。アジリティが苦手に見えます」と言われることがありました。基本的なことを最も大切にして教えてきたので、そう言われるのも仕方ありません。しかし、正直そう言われて嬉しかったのです。なぜなら、陽介にはまだまだ伸びしろがあるということですから。

私は、子どもたちには、「ここで小さなテニスをしていたら将来にはつながらないよ」と常日頃言っています。バックボーンには3兄弟を育てた経験があるからです。

陽介も結果が出ない13歳〜15歳の頃は苦しかったと思います。しかし、ベースがしっかりしていれば、いつかテクニックと身体がジャストフィットするときが訪れます。陽介の場合、それが高校3年のときでした。だから、13歳〜15歳で結果が出なくても、あれこれ悩む必要はありません。成長の速度は人それぞれ。やるべきことを日々行うことが大切なのです。

13歳〜15歳でも、「ボールは入らないけど、打つボールは凄い」という子どもでいてほしいと思います。身体の成長がひとそれぞれのように、テニスの成長もひとそれぞれです。身体が大きくなってくると、いままで入らなかったボールをコントロールできるときがかならず来ます。身体とテニスがジャストフィットする、その日のために、今日の練習を頑張りましょう！

※年齢、学年は撮影時のもの

本書で主なモデルを務めてくれたのは、グローバルで日々練習を行っている6人です。みんなの年齢やテニス歴も気になるところでしょう。ここで紹介しておきます

撮影に協力してくれた6人を紹介します

松本忠邦
忠邦くん。小学4年生(10歳)。テニス歴は5年で、アカデミーではJ2クラス。週2回のレッスンを受け始めて6カ月。いつも元気いっぱいです

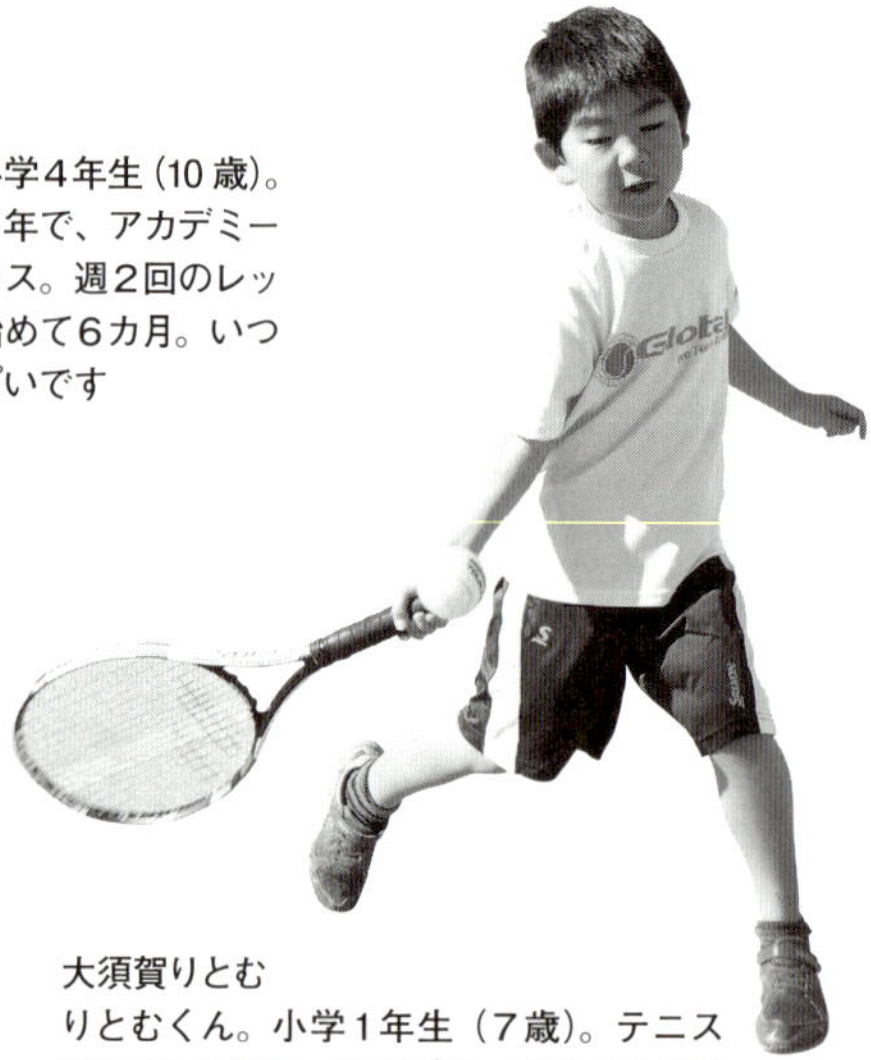

大須賀りとむ
りとむくん。小学1年生(7歳)。テニス歴は10か月年、アカデミーではJ1クラス。週2回のレッスンを受け始めて10カ月。小さい子のモデルとして登場しました

服部結依香
結依香ちゃん。中学1年(13歳)。テニス歴は7年で、アカデミーではＪ２クラス。週３回のレッスンを受け始めて7年。フォアハンドも両手打ちです

小島温花
温花ちゃん。小学4年生（10歳)。テニス歴は３年で、アカデミーではＪ２クラス。週３回のレッスンを受け始めて２年。ニコニコしながらも基本はばっちりです

齋藤恵佑
恵佑くん。テニス歴は 11 年で、アカデミーではＪ３クラス。週６回のレッスンを受け始めて９年。得意なショットはフォアのクロスで、好きな選手は西岡良仁。RSK 全国選抜ジュニア、全国中学生大会優勝。日本のジュニアデ杯代表選手。グローバルの秘蔵っ子です

大久保萌
萌ちゃん。中学2年（14 歳）
テニス歴は７年で、アカデミーではＪ３クラス。週４回のレッスンを受け始めて６年。関東ジュニアにも出場しています

監修：綿貫弘次

グローバルプロテニスアカデミー校長。JPTA、USPTA認定プロ。2016年には、日本プロテニス最優秀コーチ賞、日本テニス協会最優秀指導者賞を同時受賞。ファジースイング理論を提唱し、最先端のテニス指導で、「頭も心も身体もしなやかに」をモットーに、世界に挑戦する選手を熱血指導中

あとがき

たくさんのスポーツがある中でテニスを選んでくれたジュニア選手達にテニスの楽しさ素晴らしさを伝えたいと思っています。

世界最高峰グランドスラムで戦う選手達の迫力あるプレーは素晴らしく、誰しもが憧れるものだと思います。

初めてテニスの指導をするとき、指導者としてその選手の最大限の能力をいかに引き出せるかを念頭にイメージして接することがとても大切です。コーチ生活35年、コーチ・父親の両面て悩み、工夫しながら全日本選手権、スーパージュニア優勝ジュニア世界ランク2位という結果をいただき、とても感謝しております。

父兄が自分の子どもを指導することはとても難しく、熱心さのあまり感情的になってしまい、テニスを嫌いにさせてしまうことがよくあります。いかにテニスの楽しさを伝えられるかが、もっとも大切だと思います。好きこそ物の上手なれ。簡単なことから導入して、成功の喜びを多く体験させることが、指導者の大切な仕事です。

今回は初心者を対象に身体の使い方やスイングの要素を主に説明させていただきました。

この本をお読みいただき、世界の舞台で活躍する選手をイメージして、大きな心で指導育成していただけるお役に立てたら嬉しく思います。

グローバルプロテニスアカデミー
校長　綿貫弘次

細山陽平コーチ
GODAI テニスコーチ学校卒業。日本プロテニス協会認定プロ。米国プロテニス協会認定プロ。グローバルアカデミーコーチ就任。

田中春吉コーチ
小学６年よりスクールのジュニア生として指導を受け、全国大会に出場し、グローバルのジュニア育成コーチに就任。

グローバルプロテニスアカデミー

〒344-0043
埼玉県春日部市下蛭田２－１
☎ 048-755-5370
http//www.global-sports-planning.com/
E-mail/ global.pro.tennis.academy@gmail.com

STAFF
編集　井山編集堂
写真　井出秀人
本文デザイン　上筋英彌・木寅美香（アップライン株式会社）
カバーデザイン　柿沼みさと

パーフェクトレッスンブック

テニスの教え方、教えます!

監　修　綿貫弘次《わたぬきひろつぐ》
発行者　岩野裕一
発行所　株式会社実業之日本社
〒153-0044　東京都目黒区大橋1-5-1　クロスエアタワー8階
[編集部]03-6809-0452　[販売部]03-6809-0495
実業之日本社ホームページ　http://www.j-n.co.jp/

印刷・製本所　大日本印刷株式会社

 ISBN978-4-408-45640-9（第一趣味）

1705(01)